《国学经典藏书》丛书编委会

顾　问

　　许嘉璐

主　编

　　陈　虎

编委会成员

陆天华	李先耕	骈宇骞	曹书杰	郝润华	潘守皎
刘冬颖	李忠良	许　琰	赵晨昕	杜　羽	李勤合
金久红	原　昊	宋　娟	郑红翠	赵　薇	杨　栋
李如冰	王兴芬	李春燕	王红娟	王守青	房　伟
孙永娟	米晓燕	张　弓	赵玉敏	高　方	陈树千
邱　锋	周晶晶	何　洋	李振峰	薛冬梅	黄　益
何　昆	李　宝	付振华	刘　娜	张　婷	王东峰
余　康	安　静	刘晓萱	邵颖涛	张　安	朱　添
杨　刚	卜音安子				

国学经典藏书

增广贤文

刘 娜 译注

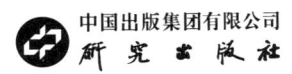

中国出版集团有限公司
研究出版社

图书在版编目（CIP）数据

增广贤文 / 刘娜译注. —— 北京: 研究出版社, 2024.1

（国学经典藏书）

ISBN 978-7-5199-1497-4

Ⅰ.①增… Ⅱ.①刘… Ⅲ.①古汉语—启蒙读物②《增广贤文》—译文③《增广贤文》—注释 Ⅳ. ①H194.1

中国国家版本馆CIP数据核字（2023）第089389号

出 品 人：赵卜慧
出版统筹：丁　波
责任编辑：谭晓龙

国学经典藏书：增广贤文
GUOXUE JINGDIAN CANGSHU：ZENGGUANG XIANWEN
刘　娜　译注

研究出版社 出版发行

（100006　北京市东城区灯市口大街100号华腾商务楼）

河北松源印刷有限公司　新华书店经销

2024年1月第1版　2024年1月第1次印刷

开本：880毫米 × 1230毫米　1/32　印张：8

字数：165千字

ISBN 978-7-5199-1497-4　定价：32.00元

电话：（010）64217619　64217652（发行部）

版权所有·侵权必究

凡购买本社图书，如有印制质量问题，我社负责调换。

编者的话

经典是人类知识体系的根基,是人类的精神家园,是我们走向未来的起点。莎士比亚说过:"生活里没有书籍,就好像没有阳光;智慧里没有书籍,就好像鸟儿没有翅膀。"21世纪中国国民的阅读生活中最迫切的事情是什么?我们的回答是阅读经典!

中国有数千年一脉相传、光辉灿烂的文化,并长期处于世界文化发展的前列,尤其是在近代以前,曾长期引领亚洲乃至世界文化的发展方向。长期超稳定的社会发展形态和以小农生产为基础的、悠闲的宗法农业社会,塑造了中华民族注重实际、偏重经验、重视历史的文化心理特征。从殷商时代的"古训是式"(《诗经·大雅·烝民》),到孔子的"述而不作,信而好古"(《论语·述而》),可以清楚地看出这种文化心理不断强化的轨迹。于是,历史就被赋予了神圣的光环,它既是人们获得知识的源泉,也是人们价值标准的出处。它不再是僵死的、过去的东西,而是生动活泼、富有生命力,并对现世仍有巨大指导作用的事实。因而就形成了这样一种固定的文化思维方式,也就是"以铜为鉴,可正衣冠;以古为鉴,可知兴替;以人为鉴,可明得失"(《新唐书·魏徵传》)。中国的文化人世代相承,均从历史中寻求真理,寻求"修身、齐家、治国、平天下"的崇高理想模式。这种对于历史所怀有的深沉强烈的认同感,正是历史典籍赖以发展、繁荣的文化心理基础。历史上最初给历史典籍的研究和整理工作涂上政治、道德和伦理色彩的是春秋时期的孔子。当时的孔子因感"周室微而礼乐废、《诗》《书》缺",于是删订了《诗》《书》《礼》《乐》《易》《春秋》等"六经"(见《史记·孔子世家》),寄托了自己在政治上"复礼"和道德上"归仁"的最高理想。孔子以后,历史典籍的编撰无不遵循着这一最高原则。所以《隋书·经籍志》总序中就说:"夫经籍也者,机神之妙旨,圣哲之能事。所以经天地,纬阴阳,正纲纪,弘道德,显仁足以利物,藏用足以独善……其王者之所以树风声,流显号,美教化,移风俗,何莫由乎斯道?……其教有适,其用无穷,实仁义之陶钧,诚道德之橐籥也。……夫仁义礼智,所以治国也;方技数术,所以治身也。诸子为经籍之鼓吹,文章乃政化之黼黻,皆为治国之具也。"(《隋书·经籍志一》)由此可见,历史典籍的编撰整理工作,已不仅仅是文化技术问题,更重要的是它还负有"正纲纪,弘道德"的政治和道德使命。于是,在两千多年的历史发展过程中,先人们为我们留下了汗牛充栋的文化典籍。这些宝贵的精神财富,不仅是我们中华民族的骄傲,也是全人类的骄傲,并已成为世界文化宝藏的重要组成部分。

中国的先哲们一向对古代典籍充满崇敬之情,他们认为,先王之道、历史经验、人伦道德以及治国安邦之术、读书治学之法等等,都蕴藏于典籍之中。文献典籍是先王之道、历史经验、人伦道德等赖以传递后世的重要手段。离开书籍,后人将无法从前朝吸取历史经验,无法传承先王之道。在日新月异的当代,如何对待这份优秀的文化遗产?毛泽东同志早就指出:"中国的长期封建社会中,创造了灿烂的古代文化。清理古代文化的发展过程,剔除其封建性的糟粕,吸取其民主性的精华,是发展民族新文化、提高民族自信心的必要条件。……中国现时的新文化也是从古代的旧文化发展而来,因此,我们必须尊重自己的历史,决不能割断历史。但是,这种尊重是给历史以一定的科学地位,是尊重历史的辩证法的发展,而不是颂古非今。"(毛泽东《新民主主义论》)古代典籍,不仅对中华民族的形成与发展历史地发挥了巨大的凝聚力作用,而且在当今中华民族伟大复兴中,依然会发挥无可替代的重要作用。

在科学技术迅猛发展的当代社会,人们的生活、观念正在发生着巨大而深刻的变革,面对蓬勃发展的现代科技和汹涌而至的各种思潮,人们依然能深切地感受到中华传统文化无所不在的巨大力量。人们渴望了解这种无形的力量源泉,于是绚丽多姿的中华典籍就成了人们首要的选择。它能够使我们在精神上成为坚强、忠诚和有理智的人,成为能够真正爱人类、尊重人类劳动、衷心地欣赏人类的伟大劳动所产生的美好果实的人。所以,在今天,我们要阅读经典;当数字化、网络化带来的"信息爆炸"占领人们的头脑、占用人们的时间时,我们要阅读经典;当中华民族迈向和平崛起和民族复兴的伟大征程时,我们更要阅读经典。因此,读经典,这个我们习以为常的平凡过程,实际上就成了人的心灵和上下古今一切民族的伟大智慧相结合的过程。但由于时代的变迁,这些经典对现代人来说已仿佛谜一样的存在。为继承这份优秀的文化遗产,帮助人们更好地利用这些经典,在全国学术界诸多专家学者的支持下,我们策划了这套"国学经典藏书"丛书。

丛书以弘扬传统、推陈出新、汇聚英华为宗旨,以具有中等以上文化程度的广大读者为对象,从我国古代经、史、子、集四个部类的典籍中精选50种,以全注全译或节选的形式结集出版。在书目的选择上,重点选取我国古代哲学、历史、地理、文学、科技、教育、生活等领域历经岁月洗礼、汇聚人类最重要的精神创造和知识积累的不朽之作。既注重选取历史上脍炙人口、深入人心的经典名著,又注重其适应现代社会的人文价值趋向。丛书不仅精校原文,而且从前言、题解,到注释、译文,均在吸收历代学者研究成果的基础上精心编撰。在注重学术性标准的基础上,尽量做到通俗易懂。我们相信,本丛书的出版,对提高人们的古代典籍认知水平,阅读和利用中华传统经典,传播中华优秀文化,提高人们的民族自信心和文化自豪感,进而为中华民族伟大复兴作贡献,均将起到应有的作用。高尔基说:"书籍是人类进步的阶梯。""要热爱读书,它会使你的生活轻松,它会友爱地帮助你了解纷繁复杂的思想、感情和事件;它会教导你尊重别人和你自己;它以热爱世界、热爱人类的情感,来鼓舞智慧和心灵。""当书本给我讲到闻所未闻、见所未见的人物、感情、思想和态度时,似乎是每一本书都在我面前打开一扇窗户,并让我看到一个不可思议的新世界。"(《高尔基论青年》,中国青年出版社1956年版)。流传千年的文化经典,让我们受益匪浅,使我们懂得更多。正如德国著名作家歌德所说:"读一本好书,就是和一位品德高尚的人谈话。"的确,读一本好书,就像是结交了一位良师益友。我们真诚希望,这套经典丛书能够真正进入您的生活,成为人人应读、必读和常读的名著。

陈　虎
庚子岁孟秋

前　言

《增广贤文》是一本极具实用价值的启蒙教材,也是一本深具文学之美的谚语集锦。"学了《增广》走天下,读了《贤文》会说话",这是前人学习和运用《增广贤文》之后的心得体验。《增广贤文》篇幅不长,通行本只有4780字左右。全书以韵文的形式,将格言排列在一起,三言、四言、五言、六言、七言交错而出,灵活多变,读起来抑扬顿挫,朗朗上口,从而突破了传统蒙学读物一种句式贯穿始终的基本格式,使语句接近于口语,易于为人们接受。

一、《增广贤文》的成书

《增广贤文》的成书年代与作者身份,历来有很多人提及,然而至今尚无定论。主要有"不知说""推测说"和"确定说"三种说法,其中后两种说法均认为《增广贤文》的成书年代为明代。目前可以确定的是明万历年间汤显祖的《牡丹亭》第七出《闺塾》中曾提及《昔氏贤文》,即《昔时贤文》,后经明、清两代文人的不断增补修订,才有了现在的《增广昔时贤文》,通称《增广贤文》,或简称《增广》。

二、《增广贤文》的版本

《增广贤文》的版本并不单纯,存在多样性。《增广贤文》以

《昔时贤文》为基础"增广"而成,今日坊间仍可见"以《增广贤文》为名,内容却为《昔时贤文》"的书籍。其版本主要有四:一为所辑谚语数量最少的《昔时贤文》,共收有195组左右的句子;二为《增广昔时贤文》,将所收录的格言、谚语"用依韵归类的方法逐句编排成篇",共约355组句子;三为《训蒙增广改本》,编者为清代硕果山人,他以四言、五言、六言、七言和杂言的顺序编排,四句为一组;四为《重订增广贤文》,清代周希陶重新改编、修订扩充而成,并撰有序文,此外还有何荣爵所作的序,全书分平、上、去、入四部,并依韵重新编排,也增加了大量的新内容。

三、《增广贤文》的主题

《增广贤文》的内容包含了修身齐家的方法、为人处世的技巧策略、面对人生顺逆境的应有心态,以及对世事人生的体悟与各样生活的智慧等等。具体来讲,主要有以下几个主题。

(一)修身齐家之法

修身向来被儒家视为齐家、治国之根本,《礼记·大学》:"身修而后家齐,家齐而后国治,国治而后天下平。"唯有身修,才可以齐家、治国、平天下。家庭是"培养德行最自然,也最有效的处所"(吴怡《中国传统哲学的现代意义与未来的展望》)。家庭对于人格养成及安定人群社会有着强大的力量。"修身齐家"主要体现在以下几个方面:

1. 知足忍让,涵养心性。知足的道理人人知晓,却不知到底何种程度才为知足,《增广贤文》中发出"人生知足何时足,到老偷闲且自闲"的感慨,对于物质生活要存有知足之心,如"君子安贫,达人知命""知足常足,终身不辱"等。

2. 读书为学,求取功名。读书可以涵养气质,炼化心性,《增广贤文》中就有不少鼓励学子努力读书、发奋向学的谚句,如"少壮不努力,老大徒伤悲""读书须用意,一字值千金"等。

3. 敦化人伦,永维家风。明人伦是传统教育的宗旨之一,父子、夫妇、兄弟为家庭伦常之道。如"羊有跪乳之恩,鸦有反哺之义""国乱思良将,家贫思贤妻""父子和而家不退,兄弟和而家不分"等。

4. 治家有方,勤俭传家。父母除了给予孩子物质上的"养",还需要施以品格和生活习惯等方面的"教",做到教养并重,如"不求金玉重重贵,但愿儿孙各个贤"。在农业社会的大家族里,勤劳刻苦与节俭惜物成为必要的治家之道,如"有田不耕仓廪虚,有书不读子孙愚。仓廪虚兮岁月乏,子孙愚兮礼仪疏"。

(二)处事识人之道

书中包含了诸多对于人生的见解,对于人情世故有着相当丰富的描述和批判。有对人情现实的感叹,如"相识满天下,知心能几人""虎生尤可近,人熟不堪亲"叹人心难测;"有钱有酒多兄弟,急难何曾见一人"叹人情冷暖。有对处事相交原则的陈述,如"画龙画虎难画骨,知人知面不知心"教人有戒心;如"许人一物,千金不移""人而无信,不知其可也"教人诚信热忱;如"谁人背后无人说,哪个人前不说人""好言难得,恶语易施"教人谨言慎行;如"力微休负重,言轻莫劝人""得宠思辱,居安思危"教人明哲保身。

(三)生活事理的揭示

此类主要概括客观事物的必然性和规律性,主要包括人生苦短,如"人生一世,草木一春""人老心未老,人穷志不穷。人无千日好,花无百日红";社会百态,如"人善被人欺,马善被人骑""城门失火,殃及池鱼"等;人生智慧,如"有意栽花花不发,无心插柳柳成荫""近水知鱼性,近山识鸟音";等等。

当然,《增广贤文》也存在一些消极的因素,有很多强调命运和报应的内容,认为人的一切都是命运安排的,人应行善,才会有好的际遇,如"死生由命,富贵在天""万事不由人计较,一生都是命安排""大家都是命,半点不由人"等,在阅读时我们要批判地对待。

《增广贤文》的内容来源十分广泛,通过对其中每则格言源流的梳理考察,我们可以发现,除了"四书五经"、笔记小说、诗词曲赋等外,还有佛教典籍《五灯会元》、戏曲《琵琶记》等,可谓博采众长。《增广贤文》流传至今仍为许多人所喜爱,其中居安思危、物极必反的辩证思维方法,对于现代人仍具有指引的作用。

本书在体例上分为原文、注释、译文和点评四部分,"注释"部分除字词释义外,同时还标明语句的来源,并标注其所见较早的古代典籍。"译文"主要采取直译,"点评"部分则主要根据译文的内容进行拓展。为了方便读者理解,我们尽量按照内容的相关性划分段落。此外,本书在编写过程中参考了前人的研究成果,如今人张齐明译注本、李冲锋译注本等,在此表示感谢。陈虎老师对本书的出版给予了大力帮助,在此深表感谢。

由于水平有限,不足之处,恳请读者批评指正。

刘　娜
2021 年 12 月

目　录

一　昔时贤文 ………………………… 1
二　知己知彼 ………………………… 2
三　近水知鱼性 ……………………… 5
四　运去金成铁 ……………………… 6
五　逢人且说三分话 ………………… 8
六　流水下滩非有意 ………………… 11
七　两人一般心 ……………………… 13
八　相见易得好 ……………………… 14
九　马行无力皆因瘦 ………………… 15
十　饶人不是痴汉 …………………… 16
十一　是亲不是亲 …………………… 17
十二　莺花犹怕春光老 ……………… 19
十三　在家不会迎宾客 ……………… 21
十四　谁人背后无人说 ……………… 22
十五　闹里有钱 ……………………… 24

十六	长江后浪推前浪	25
十七	莫信直中直	27
十八	自恨枝无叶	29
十九	一年之计在于春	30
二十	责人之心责己	32
二十一	虎生犹可近	34
二十二	远水难救近火	35
二十三	有酒有肉多兄弟	36
二十四	力微休负重	37
二十五	士者国之宝	39
二十六	若要断酒法	40
二十七	酒中不语真君子	42
二十八	出家如初	43
二十九	积金千两	44
三十	救人一命	47
三十一	人心似铁	49
三十二	水至清则无鱼	50
三十三	在家从父	52
三十四	是非终日有	53
三十五	竹篱茅舍风光好	55
三十六	结交须胜己	57
三十七	磨刀恨不利	59
三十八	差之毫厘	61

三十九	小时是兄弟	63
四十	人见白头嗔	64
四十一	墙有缝	66
四十二	贼是小人	67
四十三	人无远虑	69
四十四	是非只因多开口	72
四十五	人生一世	74
四十六	人生不满百	76
四十七	人平不语	77
四十八	惜花须检点	80
四十九	受恩深处宜先退	82
五十	忍一句	84
五十一	三十不豪	86
五十二	生不认魂	87
五十三	人善被人欺	88
五十四	得宠思辱	91
五十五	送君千里	93
五十六	但将冷眼观螃蟹	94
五十七	龙生龙子	97
五十八	酒债寻常行处有	100
五十九	时来风送滕王阁	102
六十	息却雷霆之怒	104
六十一	道吾好者是吾贼	107

六十二	莫饮卯时酒	110
六十三	种麻得麻	111
六十四	一日夫妻	115
六十五	杀人一万	116
六十六	枯木逢春犹再发	118
六十七	将相顶头堪走马	119
六十八	富人思来年	121
六十九	击石原有火	122
七十	莫笑他人老	123
七十一	但能依本分	124
七十二	善有善报	126
七十三	人而无信	127
七十四	一人道好	128
七十五	学者如禾如稻	130
七十六	遇饮酒时须饮酒	132
七十七	因风吹火	133
七十八	无求到处人情好	135
七十九	知事少时烦恼少	136
八十	入山不怕伤人虎	137
八十一	强中更有强中手	139
八十二	会使不在家豪富	141
八十三	光阴似箭	142
八十四	世上万般皆下品	145

八十五	世间好语书说尽	146
八十六	为善最乐	148
八十七	羊有跪乳之恩	149
八十八	你急他未急	151
八十九	隐恶扬善	152
九十	妻贤夫祸少	153
九十一	既坠釜甑	155
九十二	人生知足何时足	157
九十三	见者易	159
九十四	道路各别	161
九十五	知音说与知音听	162
九十六	点石化为金	164
九十七	谁人不爱子孙贤	165
九十八	与人不和	167
九十九	但行好事	168
一〇〇	河狭水紧	170
一〇一	无钱方断酒	172
一〇二	万事劝人休瞒昧	173
一〇三	惺惺常不足	175
一〇四	众星朗朗	176
一〇五	兄弟相害	177
一〇六	牡丹花好空入目	179
一〇七	欺老莫欺少	180

一〇八	随分耕锄收地利	181
一〇九	得忍且忍	182
一一〇	相论逞英豪	183
一一一	人老心不老	185
一一二	杀人可恕	187
一一三	乍富不知新受用	188
一一四	礼义生于富足	191
一一五	天上众星皆拱北	192
一一六	君子安贫	193
一一七	忠言逆耳利于行	194
一一八	夫妻相和好	196
一一九	善必寿考	197
一二〇	富贵定要安本分	199
一二一	龙归晚洞云犹湿	201
一二二	平生只会量人短	202
一二三	人贫志短	203
一二四	触来莫与竞	205
一二五	凡人不可面相	207
一二六	醉后乾坤大	210
一二七	千里送毫毛	212
一二八	一人传虚	213
一二九	世事明如镜	214
一三〇	良田万顷	215

一三一	一字入公门	217
一三二	富从升合起	218
一三三	万事不由人计较	220
一三四	人间私语	221
一三五	人各有心	223
一三六	养军千日	225
一三七	利刀割体痕犹合	226
一三八	有钱堪出众	228
一三九	苗从地发	229
一四〇	官有正条	230
一四一	闲时不烧香	231
一四二	幸生太平无事日	232
一四三	国乱思良将	233
一四四	池塘积水须防旱	235
一四五	根深不怕风摇动	236
一四六	奉劝君子	237

一

昔时贤文①,诲汝谆谆②。集韵增广③,多见多闻④。观今宜鉴古⑤,无古不成今⑥。

[注释]

①昔时:过去,从前。贤文:精悍优美的文字,一般指贤达之人所写的文章。贤,有德行的,有才能的。

②诲(huì)汝谆(zhūn)谆:恳切地教导你。《诗经·大雅·抑》:"诲尔谆谆,听我藐藐。"诲,教导,诱导。汝,你。谆谆,恳切、耐心教导的样子。

③集韵增广:按照韵文的形式进行采集编排。韵,有韵律的文句,如韵语、韵文。增广,增加见闻,广开视野。

④多见多闻:自己亲身得遇事物,多去学习古人的嘉言良行。《论语·述而》:"子曰:'盖有不知而作之者,我无是也。多闻,择其善者而从之,多见而识之,知之次也。'"

⑤宜:应该。鉴古:以古为镜,借鉴历史。《旧唐书·魏徵传》载唐太宗语:"人以铜为镜,可以正衣冠;以古为镜,可以见兴替;以人为镜,可以知得失。魏徵殁,朕亡一镜矣!"鉴,本指镜子,引申为借鉴、参照、审察、考察。

⑥无古不成今:没有过去也就没有今天。《庄子·知北游》记载,冉求问于仲尼曰:"未有天地可知邪?"仲尼曰:"可。古犹今也。"冉求失问而

退。明日复见,曰:"昔者吾问:'未有天地可知乎?'夫子曰:'可。古犹今也。'昔日吾昭然,今日吾昧然。敢问何谓也?"仲尼曰:"昔之昭然也,神者先受之。今之昧然也,且又为不神者求邪?无古无今,无始无终。未有子孙,而有子孙可乎?"冉求未对。

[译文]

用过去贤达之人的言语,对你进行恳切的教诲。汇集文质兼美的格言警句,以此来增加人们的见闻和智慧。观察体悟今日的世事,应该以古代的历史为借鉴,因为没有过去就没有现在。

[点评]

开篇直接阐明了阅读"昔时贤文"的重要性,并交代了《增广贤文》的编纂宗旨。《增广贤文》的性质和内容,是汇集先贤精悍优美的语句而成,可以广开视野,增加人们的见闻,帮助人们更好地传承历史、理解现实,从而更好地活在当下。《增广贤文》中的格言警句,经过大浪淘沙,成为今人宝贵的精神财富,对当代人的立身行事具有启迪和指导作用。

二

知己知彼①,将心比心②。酒逢知己饮,诗向会人吟③。相识满天下,知心能几人④?相逢好似初相识⑤,到老终无怨恨心。

〔注释〕

①知己知彼:认识自己,了解他人。彼,对方。《孙子兵法·谋攻篇》:"知彼知己,百战不殆;不知彼而知己,一胜一负;不知彼,不知己,每战必殆。"意思是说打仗办事既要认识自己,又要了解他人,这样即使打上一百次仗都不会失败;只了解自己,而不了解敌人,这样的话胜败的可能性各占有一半;对自己和敌人都不了解,打起仗来只能是失败。

②将心比心:以自己的感受来衡量别人的感受,指遇到事情能够设身处地为他人着想。将,拿。南宋朱熹《朱子语类·大学三》:"俗语所谓将心比心,如此则各得其平矣。"意思是为人处世,要有同理心,经常设身处地为他人着想,才能够得到别人的真心相待。

③"酒逢知己饮"二句:喝酒应该和知心的人对饮,诗歌应当向懂诗的人吟唱。知己,指彼此相互了解且感情深厚的人。宋代释普济《五灯会元》:"大众宝峰何似孔夫子?……酒逢知己饮,诗向会人吟。"会,懂得,理解。吟,吟咏、诵读。

④"相识满天下"二句:《五灯会元·云盖继鹏禅师》:"僧问:'佛未出世时如何?'师曰:'天。'曰:'出世后如何?'师曰:'地。'上堂:'高不在绝顶,富不在福严。乐不在天堂,苦不在地狱。'良久曰:'相识满天下,知心能几人?'"知心,彼此相互了解而情谊深切。

⑤初相识:第一次见面互相认识。

〔译文〕

要透彻地了解自己和对方的情况,要以自己的感受去衡量别人的感受。酒要与能够理解自己的人一起喝,诗要向真正懂得诗歌的人吟诵。相识之人千千万,但是其中真正能够相知的人又有几个?如果与人的交往一直能像第一次见面那样互相尊敬、互相喜欢,那么即使相交到老也不会产生任何怨恨之心。

〔点评〕

　　人与人之间的交往,最难得的是初心不改。朋友之间应该做到"知己知彼,将心比心"。古时候的人们就非常重视知己之交,《增广贤文》开篇就慨叹知己难求、知音难觅。志同道合,相互了解才能成为知心朋友。"相逢好似初相识",可以是"白头如新",也可以是"倾盖如故",这两种关系应该是"到老终无怨恨心"。许多人之所以最后有了怨恨之心,无非是因为他们已经改变了初相识的单纯关系,或者可以说他们并不是真正志同道合的人。交友应该遵守"以诚待人,将心比心"的原则,要多体谅他人,设身处地为他人着想。真心朋友相见,或彼此对饮,或互诉衷肠。人生苦短,相识的人会有许多,但真正知心的并不一定很多。"人生难得一知己,千古知音最难觅",人生得一知己足矣。纳兰性德也发出相似的感慨:"人生若只如初见,何事秋风悲画扇。"

三

近水知鱼性①,近山识鸟音②。易涨易退山溪水③,易反易覆④小人心⑤。

〔注释〕

①鱼性:鱼的生活习性。《诗经·小雅·鹤鸣》:"鱼潜在渊,或在于渚。……鱼在于渚,或潜在渊。"

②识:辨识。鸟音:鸟的鸣叫声。金代高公振《裴氏西园》:"竹阴疏处见潭影,人语定时闻鸟音。"

③山溪水:山溪容量小,溪水易涨易落。

④易反易覆:指容易变化无常。

⑤小人心:小人心地狭窄,反复无常。小人,人格卑鄙的人。

〔译文〕

居住在水边的人,就能了解鱼的习性;居住在大山附近的人,就能辨识各种鸟的鸣叫音。容易涨也容易落的是山间的溪水,容易变化无常的是小人的心性。

〔点评〕

环境对人的知识、才能的影响是十分重要的。经常到水边去观察鱼,才能对鱼的生活习性透彻了解;经常去林中聆听鸟的叫声,时间久了,自然能够辨识出各种鸟的叫声。这说明环境对人的知识和才能有着重要的影响,同时也说明认知人和事物,必须要进行深入的了解和观察。

小人反复无常,心口不一。所以,与之相处,要提高警惕,因为他们心胸狭窄最容易记仇。即使你不得罪他们,也可能会遭到他们的打压,因为小人见不得别人好。用山间流水容易涨退的变化,来类比小人容易反复无常的心态,是非常准确的。"言而有信真君子,反复无常是小人",言必行,行必果的人是真君子;反复无常,见利忘义的是小人,尽量不与之交往,应加强防范之心。

四

运去金成铁,时来铁似金①。读书须用意②,一字值千金③。

〔注释〕

①"运去金成铁"二句:宋代邵雍《养心歌》:"得岁月,忘岁月;得欢悦,忘欢悦。万事乘除总在天,何必愁肠千万结?放心宽,莫胆窄,古今兴废言可彻。金谷繁华眼里尘,淮阴事业锋头血。陶潜篱畔菊花黄,范蠡湖边芦月白。临潼会上胆气豪,丹阳县里箫声绝。时来顽铁有光辉,运退黄

金无艳色。逍遥且学圣贤心,到此方知滋味别。粗衣淡饭足家常,养得浮生一世拙。"运,运势。时来,时运来了。

②用意:用心;专心。

③一字值千金:《史记·吕不韦列传》:"布咸阳市门,悬千金其上,延诸侯游士宾客,有能增损一字者予千金。"意思是秦相吕不韦让门客编著《吕氏春秋》,书成之后,公布于咸阳城门,声言谁能增删一字,赏以千金。因称"一字千金",极言文章价值高。金,古代货币单位,战国及秦时以一镒为一金,"镒"是古代重要单位,一镒为二十两或二十四两;汉朝以一斤金子为一金。秦汉时"金"多指黄铜,"千金"实为"铜千金"。南朝梁代钟嵘《诗品》:"文温以丽,意悲而远,惊心动魄,可谓几乎一字千金!"北宋邵雍《养心歌》:"时来顽铁有光辉,运退黄金无艳色。"元代徐田臣《杀狗记》第十八出《窑中拒奸》:"运退黄金失色,时来铁也争光。"

〔译文〕

运气逝去的时候,黄金也会变成铁一样不值钱;时运来临的时候,铁也会像黄金一样珍贵。读书一定要用心,因为一个字都会价值千金。

〔点评〕

前两句讲时运对人的影响。运气不好的时候,做什么都不顺利;运气好的时候,做什么事情都顺风顺水。宋代邵雍《养心歌》:"时来顽铁有光辉,运退黄金无艳色。"明代冯梦龙在《警世通言·赵春儿重旺曹家庄》有言:"运去黄金失色,时来铁也生光。"法国著名微生物学家、化学家路易斯·巴斯德曾说:"在观察的领域里,机遇只偏爱那种有准备的头脑。"这些话告诉我们,机遇是可遇不可求的,要想成功,就需要下苦功夫,辛勤的汗水才能打下坚实的基础,唯有如此,在机会来临的时候才能够成功。

后两句讲的是读书,也可以说是做好人生准备。"一字千金"可以说是"读书须用意"的动力之源。读书时一定要用心体会每一个字,因此只有刻苦学习,才能理解一字千金的意义。《周易·系辞传》:"君子藏器于身,待时而动,何不利之有?"意思是君子的身上蕴藏着宏大的才器,为时机的来临随时做好准备。时机往往是留给有准备的人的,虽然有所谓的时运,但是首先要认真读书,认真准备。高尔基曾经说过:"书籍是人类进步的阶梯。"读书能给人以精神的洗礼,同时,还能够丰富自己的头脑,获得有用的知识;提高自己的文化素养,增强自己的思维能力和辨别是非的能力;能锻炼自己的洞察力和行动力;增长自己的各种技能等。

五

逢人且说三分话,未可全抛一片心[1]。有意栽花花不发,无心插柳柳成荫[2]。画虎画皮难画骨,知人知面不知心[3]。钱财如粪土,仁义值千金[4]。

[注释]

①"逢人且说三分话"二句：《全宋文》方大琮《与岩仲书》："昔人出一言可见肝胆，近世则有'逢人且说三分话'之说。若司马氏教人自不妄语始，则其法严矣。不妄云者，直在其中，而疏率自无矣。"《五灯会元·育王怀琏禅师》："上堂：'太阳东升，烁破大千之暗。诸人若向明中立，犹是影响相驰。若向暗中立，也是藏头露影汉。到这里作么生吐露？'良久曰：'逢人只可三分语，未可全抛一片心。参！'"元代高明《琵琶记》第三十出《瞷询衷情》："夫妻且说三分话，未可全抛一片心。"逢，遇到。且，暂且，姑且。三分，十分之三。抛，显露，暴露。

②"有意栽花花不发"二句：元代关汉卿杂剧《包待制智斩鲁斋郎》第二折："着意栽花花不发，等闲插柳柳成阴。"阴，树荫。

③"画虎画皮难画骨"二句：元代孟汉卿杂剧《张孔目智勘魔合罗》第一折："画虎画皮难画骨，知人知面不知心。"元代高明《琵琶记》第二十九出《乞丐寻夫》："你知他心腹事如何？正是：画虎画皮难画骨，知人知面不知心。"面，外表。

④"钱财如粪土"二句：《周公解梦》："扫地除粪家欲破，粪土堆者钱财聚。"《晋书·列传第四十七》殷浩曰："官本臭腐，故将得官而梦尸；钱本粪土，故将得钱而梦秽。"元代徐田臣《杀狗记》第十三出《归家被逐》："钱财容易有，仁义值千金。"仁义，仁爱和正义。儒家的伦理道德范畴，与"礼、智、信"合称为五常。《礼记·曲礼上》："道德仁义，非礼不成。"《韩非子·五蠹》："故文王仁义而王天下。"

[译文]

和人说话的时候只能说三分，不可把内心的想法全部说出来。用心栽种的花没有开放,无意插下的柳条却长得枝繁叶茂。画老虎的形态好画,难的是画出它的骨骼。认识一个人,了解他的外表很容易,难的是了解他的内心。金钱和财物就像粪土一样,并没有多少价值;仁爱和正义则价值千金,十分贵重而难得。

〔点评〕

在人际交往中,人们往往容易犯的错误就是把握不好尺度,不是过于疏远就是过于亲近。要谨言慎行,说话不可说满,要留有回旋的余地。世间难料,事情的发展往往与人的初衷相背离,比如有意为之的事情却不成功,无意为之的事情反而能有意想不到的收获。这就是所谓的"有意栽花花不发,无心插柳柳成荫",虽然事物的发展具有不可预测性,我们不能因此而放弃继续努力。因为只有不断地积极、努力地去实践,才可能有意想不到的收获。

常言道:"人心隔肚皮。"其实通过外表很难看清一个人的内心世界,也因为人们常常会把自己的真实想法隐藏起来。《尚书·虞书·皋陶谟》:"知人则哲,能官人。"《史记·宋微子世家》:"宋宣公可谓知人矣,立其弟以成义,然卒其子复享之。"旧题汉李陵《答苏武书》:"人之相知,贵相知心。"宋代王安石《明妃曲》之二:"汉恩自浅胡自深,人生乐在相知心。"

轻财重义是我们中华民族的传统美德,孔子在《论语·述而》中说:"不义而富且贵,于我如浮云。"意思是人人皆有趋利避害之心,谁也免不了,但若要去贫贱,求富贵,就必须走正道。

他在《论语·里仁》中也说:"君子喻于义,小人喻于利。"即君子懂得道义,小人只懂得利益。君子视金钱为粪土,且能够安贫乐道;而小人爱财如命,不安于贫困。君子认为钱财不能买来仁义,仁义却能够带来比钱财更重要的东西;小人则认为钱财是万能的。"道不同,不相为谋",因此君子和小人很难成为朋友。

六

流水下滩非有意①,白云出岫本无心②。当时若不登高望,谁信东流海洋深③。路遥知马力,事久见人心④。

〔注释〕

①滩:江河中水浅石多且水流很急的地方。

②白云出岫(xiù)本无心:东晋陶渊明《归去来兮辞》:"云无心以出岫,鸟倦飞而知还。"岫,峰峦,山谷。

③东流:指向东奔流的江河。

④"路遥知马力"二句:《古尊宿语录》:"上堂,举兴化问克宾维那:'汝不久为唱道之师?'克宾云:'我不入这保社。'化云:'你会了不入,不会了不入?'克宾云:'我总不恁么。'化便打。遂罚钱五贯,设馈饭了,趁出院。后来却法嗣兴化。师云:'还会么?路遥知马力,岁久见人心。'以拂

子击禅床,下座。"宋代陈元靓《事林广记》前集九下"结交警语":"路遥知马力,事久见人心。"元代无名氏杂剧《争报恩三虎下山》第一折:"路遥知马力,日久见人心。"遥,远。马力,马的力量。

〔译文〕

流水向下面的河滩头流动并非有意为之,白云从山峰飘出来也本是无心之举。若不登到高处去眺望,怎么能够知道东流的河水所抵达的海洋是那样的深邃。路途遥远,才能够看出马耐力的大小;经历的事情多了,才能够看出人心的好坏。

〔点评〕

事物的发展都有自身的规律,因此判断事物要经过长期的观察。只有相处久了,经历多了,同甘苦,共患难,才能了解一个人。同样,由于事物发展都有其自身的规律,不可能随着人的主观意志而有改变。就像自然界的现象,如流水下滩、白云出岫、水流东海等,这些都是自然规律,谁也控制不了。

常言道:站得高,看得远。登高望远追求的是一种超凡脱俗的境界,"欲穷千里目,更上一层楼",唯有如此才能够看到更美的风景,"无限风光在险峰"。

判断事物要经过长期的观察,只有经过共事和时间的检验,才能够看出一个人的真正品格。《东观汉记·王霸传》:"上谓霸曰:'颍川从我者皆逝,而子独留,始验疾风知劲草。'"意思是刘秀对王霸说:"在颍川追随我的人如今都跑了,只有你还留在我身边。真是验证了'疾风知劲草'这句话啊!"唐太宗李世民

《赠萧瑀》一诗中有:"疾风知劲草,板荡识诚臣。"意思是经过猛烈大风,才能看出草的强劲;经过动乱时局的考验,才能知道忠诚的人是什么样的。

七

两人一般心,有钱堪买金。一人一般心,有钱难买针①。

〔注释〕

①"两人一般心"四句:《易·系辞上》:"二人同心,其利断金;同心之言,其臭如兰。"元代徐田臣《杀狗记》第十九出《计倩王老》:"家有一心,有钱买金;家有二心,无钱买针。"《五灯会元》:"相见易得好,共住难为人。"一般,一样,同样。堪,能,可以。

〔译文〕

只有两个人同心同德,才能够拥有买到黄金的钱。每个人都留着一个心眼,意见不统一,就算有钱也买不了针。

〔点评〕

《周易·系辞上》说"二人同心,其利断金",人心同一,必有合力,即使困难如同黄金一样坚硬,也是可以攻克的。用买金和买针进行对比,更加通俗直观地说明人心统一的重要性。人心统一,必有合力;离心离德,必然一事无成。俗话说:"人心齐,泰山移。"意思是只要大家团结一心,就会攻坚克难,完成各种艰巨的任务。其实这个道理谁都懂,但是在利益面前,有的人却为了一己私利,不惜损害大局。

八

相见易得好,久住难为人①。

〔注释〕

①"相见易得好"二句:宋代释普济《五灯会元》:"相见易得好,久住难为人。"久住,指在别人家里住很长时间。

〔译文〕

刚相见的时候,容易相处得很融洽;在一起住得久了,就难免有诸多的不方便,产生各种矛盾。

〔点评〕

做事情一定要适可而止,这是为人处世的经验。生活中,人们往往在初次相见时,容易相处得融洽,然而时间久了,难免就会产生各种矛盾。其实人与人相处,一定要把握好尺度和分寸。

这就是人们常说的"距离产生美",我们要时刻牢记"亲密并非无间,美好需要距离"。就像俗语所说的"亲戚远香近臭",都是同样的道理。

九

马行无力皆因瘦,人不风流只为贫①。

〔注释〕

①风流:风度仪态。贫:缺乏钱财。

〔译文〕

马跑起来没有力气,都是因为长得太过瘦弱;人不风流潇洒,只是因为自身太过贫穷了。

〔点评〕

金钱对人有着重要影响,贫穷对人会有一定的限制。"人不风流只为贫",人活得不潇洒自在只是因为他没有钱。物质财富是人类生活的基础,不过人又不同于马,贫穷固然会影响人的物质生活,但是一个人的风度仪态并不完全会因贫困而受阻。颜回深处陋巷仍不改其志,陶渊明不为五斗米而折腰,这都说明才华和志向是不受贫穷限制的。贫穷并不可怕,"穷且益坚,不坠青云之志"才是人们所应该保持的底色。比贫穷更可怕的是因为贫穷而就此消沉,丧失了斗志。当你还处在贫穷之境的时候,请不要抱怨命运的不公。古今中外,那些只知道唉声叹气,不愿努力改变的人都在时间的大浪淘沙中销声匿迹,而那些穷且益坚,不安现状,力求改变,拥有青云之志的人,却在历史中熠熠生辉。

十

饶人不是痴汉,痴汉不会饶人①。

〔注释〕

①"饶人不是痴汉"二句:元代吴亮《忍经》:"谚曰:'忍事故灾星。'谚曰:'凡事得忍且忍,饶人不是痴汉,痴汉不会饶人。'"饶,饶恕,宽容。痴汉,指没思想、没头脑的人。

〔译文〕

能宽恕别人的人不是愚蠢之人,愚蠢之人是不会宽恕别人的。

〔点评〕

要学会宽恕别人,"严于律己,宽以待人"。宽恕是一种传统美德,能够让彼此得到释怀和解脱。如《论语·里仁》中说:"夫子之道,忠恕而已矣。"意思是孔子思想的核心,是忠诚和宽恕。凡事不必过于较真,得饶人处且饶人。宽恕是一种人生的智慧,有时候会获得意想不到的效果。唐代林逋《省心录》云:"以恕己之心恕人,则全交;以责人之心责己,则寡过。"澳大利亚畅销书作家、漫画家、国际级演说家安德鲁·马修斯也曾经说过:"一只脚踩扁了紫罗兰,它却把香味留在那脚跟上,这就是宽恕。"宽恕别人,就等于善待自己。宽恕他人并不是一种痴傻的行为,而是一种人生的智慧。

十一

是亲不是亲①,非亲却是亲②。美不美③,乡中水。亲不亲,故乡人④。

〔注释〕

①是亲不是亲:《全元曲·包龙图智赚合同义字》:"(包待制云)这老儿好葫芦提。怎生婆婆说不是就不是?兀那李社长,端的他是亲不是亲?"亲,亲人,亲戚。

②非亲却是亲:宋元戏文《张协状元》:"(末白)亚婆,且放心,它自记得买将归。(净)我命非亲却是亲。(末)你门得镜我无因。(净)自家骨肉尚如此。(合)何况区区陌路人。"

③美不美：无论甜美还是不甜美。

④"亲不亲"二句：元代佚名《冻苏秦》第三折："凭着我胸中豪气三千丈，笔下文才七步章。亲不亲，是乡党，若今番到举场，将万言书见帝王。"无论亲近还是不亲近。亲，亲近，亲密。

[**译文**]

虽然是亲人却不像亲人一样，不是亲人却像亲人一样亲近。无论是否甜美，最喜爱的还是家乡的水；不管亲近与否，眷恋的还是故乡的人。

[**点评**]

人与人之间的亲疏远近，不在于是否有血缘关系，而在于"真心"二字。在每个人的生命之中，故乡的山山水水、父老乡亲都有着极其特殊而重要的意义。中国古代民间交往中的群体尴尬心理，就是亲戚关系复杂难处，老乡之间却有着一种天然的亲近感，"老乡见老乡，两眼泪汪汪"。对于游子而言，家乡永远都是其心灵的归宿。每个人的心头都萦绕着"乡愁"，古人描写乡愁的诗词不胜枚举，如李白《静夜思》、王建《十五夜望月》等，诗人余光中的《乡愁》更是把乡愁具体化，流露出对祖国的绵绵思念。

十二

莺花犹怕春光老①,岂可教人枉度春②？相逢不饮空归去,洞口桃花也笑人③。红粉佳人休使老④,风流浪子莫教贫⑤。

〔注释〕

①莺花犹怕春光老:宋代欧阳修《六一诗话》:"石曼卿自少以诗酒豪放自得,其气貌伟然,诗格奇峭,又工于书,笔画遒劲,体兼颜、柳,为世所珍。余家尝得南唐后主澄心堂纸,曼卿为余以此纸书其《筹笔驿》诗。诗,曼卿平生所自爱者,至今藏之,号为三绝,真余家宝也。曼卿卒后,其故人有见之者,云恍惚如梦中,言'我今为鬼仙也,所主芙蓉城',欲呼故人往游,不得,忽然骑一素骡去如飞。其后又云,降于亳州一举子家,又呼举子去,不得,因留诗一篇与之。余亦略记其一联云:'莺声不逐春光老,花影长随日脚流。'神仙事怪不可知,其诗颇类曼卿平生语,举子不能道也。"莺花,一说指黄莺和鲜花,一说指莺啼花开,泛指春天的景色。犹,还,尚且。春光,春天的景致。

②教:使,令,让。枉:白白地。

③洞口桃花也笑人:唐代李白《当涂赵炎少府粉图山水歌》:"若待功成拂衣去,武陵桃花笑煞人。"

④红粉佳人:指美女。红粉,女子化妆用的胭脂水粉。休,不要,别。

⑤风流浪子莫教贫:元代顾德润套数《仙吕·点绛唇·四友争春》:

"风流浪子怎教贫?孤寒壮士愁难共。"风流,洒脱放逸,有才学而不拘礼法。浪子,游荡玩乐,不务正业的年轻人。莫,不要。

〔译文〕

黄莺和鲜花尚且担忧春光的流逝,人们又怎能浪费大好青春?朋友相逢,如果没有喝酒尽兴就各自回去,连洞口的桃花也会笑话他们的。不要让年轻美丽的女子老去,也不要让风流倜傥的才子变得贫穷。

〔点评〕

时间是短暂的,光阴似箭;人的青春是短暂的,韶华易逝;朋友之间的相逢也是短暂的,暂聚忽别……《淮南子》有云:"圣人不贵尺之璧,而重寸之阴。"晋朝陶渊明也有惜时诗:"盛年不重来。一日难再晨,及时当勉励,岁月不待人。"汉乐府《长歌行》也有:"百川东到海,何时复西归?少壮不努力,老大徒伤悲。"时光易逝,"林花谢了春红,太匆匆","时光容易把人抛"。

以酒会友,古已有之,如贺知章和李白的忘年交就是在开怀畅饮中达成的。以酒助兴是文人雅士的日常状态,如"晚来天欲雪,能饮一杯无""且对东君痛饮,莫教华发空催"等。

红粉佳人如果老了就不美了,风流浪子如果贫穷就无法潇洒了。美好的事物都容易逝去,欲留不住。然而,岁月无情,世事无常,唯有珍惜时光。

十三

在家不会迎宾客,出门方知少主人①。黄金无假,阿魏无真②。客来主不顾,应恐是痴人③。贫居闹市无人问,富在深山有远亲④。

〔注释〕

①方:才。主人:接待宾客的人。
②阿魏:一种中草药,为伞形科植物。由于只产于西域一带,所以货缺,几乎没有真的。始载于《唐本草》,苏敬曰:"阿魏生西番及昆仑,苗、叶、根、茎酷似白芷。捣根汁,日煎作饼者为上。"宋代释可封《颂古三首》:"阿魏无真,水银无假。老倒南泉,可知礼也。"
③"客来主不顾"二句:白居易《春游》:"逢春不游乐,但恐是痴人。"应恐,恐怕,大概。痴人,愚蠢的人。
④远亲:血统关系或婚姻关系较远的亲戚,也指住处相隔很远的亲戚。

〔译文〕

在家里的时候不热情地接待宾客,出门在外的时候才发现没有人愿意接待自己。黄金贵重很难造假,而阿魏这样的药草却没有正宗的真货。客人来,主人却不去接待,这样的人恐怕不是聪明之人。贫穷的人,即使居住在闹市之中,也不会有人理睬你；富贵的人，即使居住在深山老林之中，也会有远房亲戚特意过来拜访。

〔点评〕

中国是礼仪之邦，自古就把招待宾客，礼尚往来作为教育子女的重要内容。待客之道，也是做人之道。人际交往的重要原则是平等交往，礼尚往来。如《礼记·曲礼上》："凡与客入者，每门让于客。客至于寝门，则主人请入为席，然后出迎客，客固辞，主人肃客而入。"只有在家待客时热情周到，出门在外才能够得到人家的热情招待。

当然在人际交往之中难免会出现趋炎附势、嫌贫爱富之徒，"贫居闹市无人问，富在深山有远亲"，以凝练精辟的语言揭露了这一社会现实。但是我们不必感伤，毕竟还有许多真诚之人值得我们真心对待。

十四

谁人背后无人说①，哪个人前不说人。有钱道真语②，无钱语不真。不信但看筵中酒③，杯杯先劝有钱人④。

〔注释〕

①谁人：哪一个人，什么人。

②真语:真实的话。

③但:只要。筵:古时铺在地上供人坐的垫底的竹席,后泛指酒席。古人席地而坐,设席每每不止一层,紧靠地面的一层称筵,筵上面的称席。

④劝:祝愿。也作"敬"。

〔译文〕

没有人背后不被人议论,也没有人不在他人面前议论别人。有钱的人说的话都是真理,没有钱的人说的话都是假话。你要是不相信,就去看看酒席上敬酒的情形,一杯杯酒都是先敬给有钱人喝的。

〔点评〕

社会上总会存在一些不良现象,如在背后议论他人,趋炎附势等。人一定要谨言慎行,尽量不要去评判他人,以免祸从口出,引起不必要的麻烦。同时也不要盲目地去崇拜有钱人,树立正确的三观。背后议论别人,这是人性的弱点。《论语·宪问第十四》:"子贡方人。子曰:'赐也,贤乎哉?夫我则不暇。'"意思是子贡在议论别人。孔子就对他说:"子贡啊,你真的就那么贤良吗?我可没有闲工夫去评论别人。"背后不议论别人,是对别人最大程度的尊重,"静坐常思己过,闲谈莫论人非"是做人最好的修养。

金钱在人际交往中有着一定的"魔力",有钱的人往往拥有话语权。如《宋史·李垂传》记载:"我若昔谒丁崖州,则乾兴初已为翰林学士矣。今已老大,见大臣不公,常欲面折之。焉能趋炎附热,看人眉睫,以冀推挽乎?"意思是说,我过去要是早拜见了他,早就成为翰林学士了。现在年纪大了,见大臣们办事不公,常常当面指出。我怎么能趋炎附势,看着人的眉眼,以求得到推荐呢?李垂对于当时官场溜须拍马的行为深恶痛绝,他能够抵御诱惑,不趋炎附势,守住灵魂,可谓有坚持,有担当,有勇气。

十五

闹里有钱①,静处安身②。来如风雨,去似微尘③。

〔注释〕

①闹里:喧哗热闹的地方。

②安身:指在某地居住与生活。

③微尘:细微的尘埃。本为佛教用语,指极为细微的物质,这里用来比喻生命的短暂与无意义。元代诗人梵琦《渔家傲》:"地水火风争胜负。何牢固。到头尽化微尘去。"

〔译文〕

在喧闹繁华的地方,比较容易赚到钱;在静谧安宁的地方,比较适合居住和生活。来势总像狂风暴雨一样声势浩大,消退的时候就像细小尘埃一样无声无息。

[点评]

　　做不同的事情要选择不同的地方,要想做生意就要到喧闹繁华的地方,因为那里人来人往,客流云集;如果要想修身养性的话,就要找个幽静的地方。其实环境如何,主要还是看个人的心境。如陶渊明《饮酒·其五》中有"结庐在人境,而无车马喧。问君何能尔,心远地自偏",意思是只要淡泊自处,即使身在闹市,也会觉得自然清静。白居易的"我生本无乡,心安是归处",也是此意。

　　人在成名得势时,呼风唤雨;失势时,便低微如尘埃。历史上有许多功成身退的历史人物,如范蠡、张良、王翦等,他们都是在做过一番轰轰烈烈的大事之后,功成身退,隐居江湖。生命短暂,来去匆匆。因此究竟如何度过一生,确实是值得我们深思的问题。

十六

　　长江后浪推前浪,世上新人趱旧人[①]。近水楼台先得月,向阳花木早逢春[②]。古人不见今时月,今月曾经照古人[③]。先到为君[④],后到为臣[⑤]。莫道君行早,更有早行人[⑥]。

〔注释〕

①"长江后浪推前浪"二句：宋代释文珦《过苕溪》："只看后浪催前浪，当悟新人换旧人。"元代杨景贤杂剧《西游记》第三折："一住金山十数春，眼前景物逐时新。长江后浪催前浪，一替新人换旧人。"宋元戏文《张协状元》第四十八出："长江后浪催前浪，一替新人趱旧人。"趱（zǎn），赶超。

②"近水楼台先得月"二句：宋代苏麟《献范仲淹诗》："近水楼台先得月，向阳花木易为春。"得月，指看到水中的月亮。

③"古人不见今时月"二句：李白《把酒问月》："今人不见古时月，今月曾经照古人。古人今人若流水，共看明月皆如此。唯愿当歌对酒时，月光长照金樽里。"

④君：君主，古代国家的统治者。

⑤臣：臣子。也包括普通民众。

⑥"莫道君行早"二句：元代徐田臣《杀狗记》第二十二出《孙荣奠墓》："夜眠侵早起，更有早行人。"莫，不要。君，对他人的尊称。

〔译文〕

长江后面的浪流催滚着前面的浪流，世上的年轻人追赶着年长的人。在靠近水边的楼台上，可以最先看到水中的月亮；迎着太阳的花草树木，可以更早地接受春天的滋润。古代的人们看不到今天的月亮，而今天的月亮却曾经照耀过古代的人们。抢先一步就能当君主，后到一步就只能做臣子。不要以为你出发得很早，还有比你更早的人。

〔点评〕

　　事物都处在发展变化之中,旧事物最终都会被新事物所代替。人们在社会上由于所处的位置不同,所得的机遇自然也就不尽相同。占据有利的位置,就会得到先机,无论是"近水楼台",还是"向阳花木",都是因为占据了地利而得到先机。

　　皎洁的月光一如既往地把光辉洒向人间,然而它曾经照耀过的古人却已经踪迹难寻。时光是永恒的,而人生却是非常短暂的。如此,我们便要把握有限的生命,活出精彩的人生。

　　俗语云:一步先,步步先。抢占先机是非常重要的。因此,我们不要去羡慕那些拥有好的机遇的人,要做一个人生路上的"早行人",毕竟机遇永远都是留给有准备的人的。

十七

　　莫信直中直,须防仁不仁①。山中有直树,世上无直人②。

〔注释〕

　　①"莫信直中直"二句:元代柯丹邱戏文《荆钗记》第二十九出《抢

亲》:"莫信直中直,须防仁不仁。"直中直,吹嘘自己正直的人会真的正直。仁不仁,自我标榜仁义的不仁之人。

②直人:正直,没有私心的人。

[译文]

　　对于那些吹嘘自己正直的人会真的正直的人,千万不要轻易相信;对于那些自我标榜仁义的人,更要谨慎提防。山中有长得笔直的树,世上却没有那种真正正直且无私的人。

[点评]

　　山中之树,向上生长,争取阳光雨露,所以山中之树,绝大多数是直的,这是普遍真理。人的心态、意识本来也是"直"的,正所谓"人之初,性本善"一样,然而现实中人性却是复杂的。因此我们在看待事物的时候,不能只看表象,要尽量把握其实质。正如俗话说的:"害人之心不可有,防人之心不可无。"尽管世间有道貌岸然、假仁假义的人,但我们不能因此而否定所有人,毕竟"金无足赤,人无完人",世界上还是好人多,也不乏正直无私的人。大可不必因为个别人的恶行,就对人类社会悲观失望、全盘否定。做人处世应该乐观积极,对生活、对将来充满信心和希望,如此才能把日子过得轻松愉快些。

十八

自恨枝无叶,莫怨太阳偏①。大家都是命,半点不由人②。

〔注释〕

①"自恨枝无叶"二句:唐代刘采春《啰唝曲》:"借问东园柳,枯来得几年。自无枝叶分,莫怨太阳偏。"恨,遗憾。偏,不公正,偏袒。

②"大家都是命"二句:元代柯丹邱戏文《荆钗记》第十三出《遣仆》:"万般皆是命,半点不由人。"命,命运,迷信的人指人一生注定的生死、贫富和一切遭遇。由,任凭。

〔译文〕

只能抱怨自己的枝干上没长出叶子来,而不要埋怨阳光照射得偏斜。每个人的生活都是命运安排好的,半点也由不得个人掌握。

〔点评〕

人遇到不如意的事情时,总是习惯怨天尤人,埋怨命运不公。其实这样根本改变不了什么,应该尽快自省,从自己身上寻找原因。然而宿命论在中国古代非常盛行,当时的人们认为一切都是上天注定的,人无法改变自己的命运。其实事在人为,我们不能把所有的遭遇都归咎于命运的安排,不去努力,应该积极地发挥主观能动性,摒弃这种宿命观点。一个人是否能够成功,主要还是在于自己努力的程度。心态决定命运,这句话是很有道理的。在现实生活之中,心态好的人,乐观豁达,能够直面困难,淡泊名利。人的一生总会经历成功和失败,开心和失落也会时常伴随。生活中的这些起起落落,是每个人都必须经历的,如果看得太重,那么就永远都不会心态平和,更不要说开心快乐了。邢群麟曾经在《心态决定命运》这本书中指出:"环境、资源、机遇等外界因素并不能够完全决定一个人的命运,关键在于心态。一个人只有掌握了心态,才能够掌握自己的人生,收获成功与幸福。"

十九

一年之计在于春,一日之计在于寅①。一家之计在于和,一生之计在于勤②。

〔注释〕

①"一年之计在于春"二句:《管子》:"一年之计,莫如树谷;十年之计,莫如树木;终身之计,莫如树人。"计,计划,谋划,希望。寅,寅时,指凌晨三点到五点,这里代指清晨。

②"一家之计在于和"二句:南朝梁元帝萧绎《纂要》:"一年之计在于春,一日之计在于晨,一家之计在于积,一生之计在于勤。"北宋邵雍《击壤集·观事吟》:"一岁之事慎在春,一日之事慎在晨,一生之事慎在少,一端之事慎在新。"元末明初刘唐卿《白兔记》第六出《牧牛》:"一年之计在于春,一生之计在于勤。"和,融洽,谐调。

〔译文〕

一年的打算应在春天,一天的计划应在黎明。一个家庭的打算在于和睦,一生的打算在于勤劳。

〔点评〕

以"一……之计"的形式,告诉人们做事要正当其时,早作打算。元代鲁明善《农桑衣食撮要·十二月》:"一家之计在于和,一生之计在于勤,一年之计在于春,一日之计在于寅。"大到一年的计划,小到一日的打算,都尽量安排在恰当的时间里来处理。"凡事豫则立,不豫则废",无论做什么事情,制定及时、全面的计划都是非常重要的。

"家和万事兴。"家庭和睦,才会家运兴隆。否则便会祸起萧墙,弟兄反目成仇,鸡犬不宁。"勤"是人生之本。《尚书》:"业广惟勤。"勤奋是一个人成功必要的品质。因此,我国古代家训中也有"勤训",如清代李文炤的《勤训》:"治生之道,莫尚乎勤。"

二十

责人之心责己,恕己之心恕人①。守口如瓶,防意如城②。宁可负我,切莫负人③。再三须重事,第一莫欺心④。

〔注释〕

①"责人之心责己"二句:《中庸章句集注》第十二章:"忠恕违道不远,施诸己而不愿,亦勿施于人。"《注》云:"尽己之心为忠,推己及人为恕。……张子所谓'以爱己之心爱人则尽仁'是也。……张子所谓'以责人之心责己则尽道'是也。"元代吴亮《忍经》:"人虽至愚,责人则明;虽有聪明,恕己则昏。尔曹但常以责人之心责己,恕己之心恕人,不患不到圣贤地位也。"责,责备。恕,宽恕,原谅。

②"守口如瓶"二句:《维摩经》:"防意如城,守口如瓶。"宋代晁说之《晁氏客语》:"刘器之(安世)云:富郑公(弼)年八十,书座屏云:'守口如瓶,防意如城。'"元代无名氏杂剧《张公艺九世同居》第三折:"守口如瓶要安分,防意如城主忠信。能忍呵怨根成欢仇变恩,不能忍呵恩爱为仇喜作嗔。"防意,防止产生邪念。城,古代军事防御建筑。

③"宁可负我"二句:晋代陈寿《三国志·魏书一·武帝纪第一》注引孙盛《杂记》曰:"既而凄怆曰:'宁我负人,毋人负我!'"《晋书·载记第二十九》:"宁人负我,无我负人。"北齐高欢《与侯景书》:"宁使人负我,不使我负人。"北宋邵雍《处身吟》:"君子处身,宁人负己,己无负人。小人处

事,宁己负人,无人负己。"负,辜负,背弃。切莫,千万不要。

④欺心:自己欺骗自己。

〔译文〕

用责备别人的心来责备自己,用宽恕自己的心去宽恕别人。说话应谨慎,要像紧塞的瓶口那样不轻易开口说话,要像城池防备那样经常防止产生邪念,防止被人算计。宁肯别人辜负自己,自己也绝不能辜负了别人。做事情必须要反复考虑,慎重对待,但首要的是不要违背自己的良心。

〔点评〕

《训俗遗规》:"待己者,当于无过中求有过;待人者,当于有过中求无过。"本来严于律己,宽以待人,是一个人应有的品德和修养。然而,人都有一个通病,就是做不到"己所不欲,勿施于人",反而是宽于律己,严以待人。

谨言慎行是修身处世的法则。在说话上要小心谨慎,守口如瓶,对于别人的秘密要保守,对于自己的事情也要妥善处理好,不要到处兜售自己的情绪。我们在生活中,难免会遇到各种冲突矛盾,有的人宁可自己吃亏,也要对得起别人,这当然是一种值得赞美的处世方式,但也会有一定的负面影响,就是容易纵容坏人坏事。

二十一

虎生犹可近①,人毒不堪亲②。来说是非者,便是是非人③。

〔注释〕

①生:不熟悉的,不认识的。犹:还,尚且。近:接近。

②堪:能,可以。亲:亲近。

③"来说是非者"二句:《全宋诗》释师观《颂古三十三首》:"来说是非者,便是是非人,诚哉是言也,弄物不知名。"明代罗懋登《三宝太监西洋记》第三十八回:"来说是非者,便是是非人。这个妖妇就在国师身上,求个妙计。"是非,因说话而引起的误会或纠纷。

〔译文〕

陌生的老虎虽然生猛,但还可以靠近;熟悉的人,却不能亲近。前来说别人坏话的人,他本身就是一个搬弄是非的小人。

〔点评〕

人性具有多面和复杂的特点,有阳光善良的一面,也自然会有阴暗自私的一面。中国自古以来便是人情社会,只有熟悉了才会好办事儿。但是,当今社会上也出现了"杀熟"的现象。一些利欲熏心的人,绞尽脑汁、不择手段地算计熟人,损熟人而利己。这些都是在生活中应该随时提防的。人与人相处,避免不了流言蜚语,是非是个漩涡,一定要远离,而且不要挑拨是非。

二十二

远水难救近火①,远亲不如近邻②。

〔注释〕

①远水难救近火:《韩非子·说林上》:"鲁穆公使众公子或宦于晋,或宦于荆。犁钼曰:'假人于越而救溺子,越人虽善游,子必不生矣。失火而取水于海,海水虽多,火必不灭矣,远水不救近火也。今晋与荆虽强,而齐近,鲁患其不救乎?'"

②远亲不如近邻:《五灯会元·虎丘元净禅师》:"僧问:'如何是到家一句?'师曰:'坐观成败。'问:'不与万法为侣者是甚么人?'师曰:'远亲不如近邻。'"远亲,指远方的亲戚。

〔译文〕

远处的水救不了近处的火,关系再好的远亲也不如近邻。

〔点评〕

这两句话比喻缓不济急,迂回缓慢的措施无论多么有效,对紧急的情况也起不到任何作用。要想真正解决面临的危急状况,就要借助现有条件、依靠现有人员。

邻里关系是重要的人际关系。人与人之间的情感,是通过日常交往而建立起来的。亲情虽然有血缘作为纽带,但也需要交往培养,如果互相之间少有来往,亲情也会变得淡了,还不如天天见面的邻居。因为邻里之间长期生活在同一个环境之中,遇到事情可以互相帮助,由此建立起来的感情更加亲近。

二十三

有酒有肉多兄弟,急难何曾见一人①。人情似纸张张薄,世事如棋局局新②。山中也有千年树③,世上难逢百岁人④。

〔注释〕

①急难:危难,危急的事。何曾:用反问的语气表示未曾、没有。

②"人情似纸张张薄"二句:宋代朱敦儒《西江月》:"世事短如春梦,人情薄似秋云。"宋代僧志文诗《西阁》:"年光似鸟翩翩过,世事如棋局局新。"人情,人的感情。宋代杨万里《诚斋诗话》:"士大夫间有口传一两联可喜,而莫知其所本者。如:'人情似纸番番薄,世事如棋局局新。'又:'饱谙世事慵开眼,会尽人情只点头。'又:'薄有田园归去好,苦无官况莫来休。'"

③千年树:生长千年的古树。《全唐诗补编》:"上有千年树,下有百

年人。"

④百岁人:中国古代以"百岁"为人的"天年",意思就是"自然的寿命"。

[译文]

平时有茶有肉的时候,朋友很多;但是遭遇危难之时,却找不到一个人。人与人之间的感情如同白纸一样薄,人世间的事情,就像下棋一样,局局都充满变化。山林中有上千年的树木,世间却难以遇到活过一百岁的人。

[点评]

人际关系是复杂的,人情似纸,世事多变。"天下熙熙皆为利来,天下攘攘皆为利往",同富贵的人有很多,共患难的人却很少。结交那些吃喝玩乐却不能真心相助的朋友,实在是毫无益处。交友需谨慎,如《荀子·大略》:"君人者不可以不慎取臣,匹夫不可以不慎取友。友者,所以相有也。道不同,何以相有也?……取友善人,不可不慎,是德之基也。"那些可以同甘共苦,志同道合的人才能够成为朋友。人生百年,恍如白驹过隙,人们应该珍惜时间,把握当下。

二十四

力微休负重①,言轻莫劝人②。无钱休入众③,遭难莫寻亲④。平生莫做皱眉事,世上应无切齿人⑤。

〔注释〕

①休:不要。负重:身负重物。负,用背载物。
②言轻:说出的话没有分量。莫:不要。
③人众:指与众人在一起。
④遭难:遭遇灾难或困难。
⑤"平生莫做皱眉事"二句:宋代邵雍《诏三下答乡人不起之意》:"生平不做皱眉事,天下应无切齿人。"明代冯梦龙《醒世恒言·卢太学诗酒傲王侯》:"劝君莫作伤心事,世上应多切齿人。"平生,一生,终身。皱眉事,使人忧虑或不高兴的事情。切齿,咬牙切齿,形容非常痛恨。

〔译文〕

力气小就不要去背负重物,说话没分量就不要劝说别人。没有钱就不要到人多的地方去,遭遇急难千万不要去求助亲戚。一辈子不做令人不愉快的事情,世界上就不会有痛恨你的人。

〔点评〕

这里告诫人们尽量不要去做以下的事情:一、力量弱小背负沉重的东西;二、说话没有分量却去劝说别人;三、没有钱却到人多的地方去;四、遭遇急难时去求助亲戚;五、做出来的事情让人不愉快。其实无论做人还是做事,都应该有自知之明,量力而行,把握好自己的分寸。否则的话,不仅事情办不成,还会让自己处于十分尴尬的境地。为人处事要胸襟坦荡、光明磊落,这样才能免遭他人的痛恨。

二十五

士者国之宝,儒为席上珍①。

[注释]

①"士者国之宝"二句:"士者国之宝",《左传·隐公六年》:"亲仁善邻,国之宝也。"《墨子·七患》:"食者,国之宝也;兵者,国之爪也。"唐代白居易《杂兴三首》之三:"古称国之宝,谷米与贤才。""儒为席上珍",《礼记·儒行》:"儒有席上之珍以待聘,夙夜强学以待问,怀忠信以待举,力行以待取,其自立有如此者。"北宋汪洙《神童诗》:"学乃身之宝,儒为席上珍。君看为宰相,必用读书人。"士,此处指有一定政治地位的有特殊才能的人。儒,儒生,遵从儒家学说的读书人。席上珍,宴席上的珍品,比喻儒生具有美善的才德。

[译文]

德才兼备的人是国家的珍宝,读书人就像宴席上的珍馐佳肴一样。

[点评]

这里表现了对德才兼备之人的尊重,强调了读书人的重要性,把他们称之为"国之宝""席上珍"。"儒为席上珍"的这一说法出自《礼记·儒行》:"哀公命席,孔子侍,曰:'儒有席上之珍以待聘。'"自古以来,德才兼备者都是国家的宝贵资源,只有尊重知识,尊重人才,国家才能够更好地发展。同时,每个人都应该好好读书,做一个德才兼备的人,成为国家的栋梁之材。

二十六

若要断酒法,醒眼看醉人[1]。求人须求英雄汉[2],济人须济急时无[3]。渴时一滴如甘露[4],醉后添杯不如无[5]。久住令人贱[6],贫来亲也疏[7]。

〔注释〕

[1]"若要断酒法"二句:胡祖德《沪谚》卷上:"谚:'若要断酒法,醒眼看醉人。'断酒,戒断饮酒也。"元代徐田臣《杀狗记》第二十八出《乔人负心》:"若要戒酒法,除非死方休。"断酒法,戒酒的方法。醒眼,清醒的眼光。

[2]英雄汉:有志气、节操和作为的男子。

[3]济:救助。

[4]一滴:一滴水。甘露:甜美的露水。

[5]醉后添杯不如无:《五灯会元》:"俗士问:'如何是佛?'师曰:'着衣吃饭量家道。'曰:'恁么则退身三步,叉手当胸去也。'师曰:'醉后添杯不如无。'"添杯,往酒杯中添酒。

⑥久住令人贱:敦煌本《燕子赋》(乙)曰:"久住人增(憎)贱,希来见喜欢。"贱,被看轻,一作"嫌"。

⑦贫:一作"频",频繁。

[译文]

如果想要找到一种方法来戒酒的话,只需让他清醒的时候看醉酒之人的丑态。求人帮忙时,一定要去求真正的男子汉;救济别人的时候,一定要救济那些急需救济的人。口渴的时候,一滴水也像甘露一样甜美;喝醉酒之后,再添杯还不如不添。在别人家住久了,就会让人心生厌恶;贫穷的时候,亲戚间也会变得很疏远。

[点评]

过量饮酒的危害,古人就已经意识到了。《尚书》之中更是将其上升到了国家生死存亡的高度。《酒诰》当中记载殷商贵族因为酗酒导致亡国,周公就发布了一个"酒诰",对饮酒加以限制,所以,关于如何戒酒,也就成为古人经常讨论的话题。要戒酒,首先就要让饮酒者认识到醉酒的危害,主动去控制饮酒。

求人要找对人,帮人要看情况。求人要看对象,找那些有魄力、担当和节操的人,才能成事。因为他们一诺千金,只要答应帮你,便会不遗余力地去做。而那些小人,只会口蜜腹剑,百般刁难和勒索,最后也未必会成事。

助人为乐是一种美德,值得肯定。帮助别人要做到急人所难,雪中送炭。对于陷入困境、急需帮助的人,我们要救人于水火,倾尽全力。孔子曾说过"君子周急不济富",俗语也说"救急不救穷"。

人与人之间的交往要把握一定的度,保持好距离,过犹不及。如果到亲戚家久住,必然会给人添麻烦,时间久了,主人就会产生厌烦之情。贫穷的时候,亲戚间也会变得生疏起来。

二十七

酒中不语真君子①,财上分明大丈夫②。

〔注释〕

①不语:谓不胡言乱语。君子:人格高尚的人。

②财上分明大丈夫:元代刘君锡杂剧《庞居士误放来生债》楔子:"你正是财上分明大丈夫。"元代刘时中套数《正官·端正好·上高监司》:"却不财上分明大丈夫。"分明,光明磊落。

〔译文〕

饮酒时不胡言乱语的人,才是真正的君子;在钱财上能够分得清楚的人,才是真正的男子汉。

〔点评〕

常言道:"窥一斑而知豹,落一叶而知秋。"在细节之处,往往能够看清一个人的人品;在小事之中,也能够看见一个人的本心。生活里最平常的小事就像一面面镜子,能反映出人的真面目。人在喝酒时如果能够保持君子本色,不胡言乱语,才不会泄露机密。钱财往往会影响人与人之间的关系,很多人都因为钱财而最终关系破裂,分道扬镳。钱财上算得清楚,保持公平的状态,既不占别人便宜,也不让自己吃亏,才能处理好人际关系。

二十八

出家如初①,成佛有余②。

〔注释〕

①出家:离开家庭到庙宇里去做僧尼或道士。初:开始的时候,当初。
②佛:佛教徒称修行圆满的人。

〔译文〕

如果能够像刚出家时一样保持内心虔诚,那么成佛也就很容易了。

〔点评〕

古语说:"出家一年,佛在心田。出家二年,佛在眼前。出家三年,佛在耳边。出家四年,佛在天边。"和尚在刚刚出家的时候,大都抱有虔诚之心,一心想成佛。可成佛是需要时间的,能始终如一、潜心向佛的人,实属凤毛麟角。因为在修行的路上,往往会遇到各种诱惑和艰难险阻。就像《西游记》中,唐僧经过九九八十一难,最终才能取得真经。同样的道理,普通人做事情也需要坚守初心、慎终如始。在确定人生目标之后,就要一直保持初心,持之以恒,最终才能够走向成功。

二十九

积金千两,不如明解经书①。养子不教如养驴②,养女不教如养猪。有田不耕仓廪虚,有书不读子孙愚③。仓廪虚兮岁月乏④,子孙愚兮礼义疏⑤。同君一夜话,胜读十年书⑥。人不通古今,马牛而襟裾⑦。茫茫四海人无数,哪个男儿是丈夫⑧!美酒酿成筵好客,黄金散尽为收书⑨。

〔注释〕

①"积金千两"二句:北齐颜之推《颜氏家训·勉学篇》:"积财千万,无过读书。"积,存储。明解,熟悉,明了。经书,指中国古代被儒家尊为经典的文化典籍。"经"一般指《诗》《书》《礼》《易》《春秋》等,称为"五经"。"书"指《大学》《中庸》《论语》《孟子》,合称为四书。

②养子不教如养驴：宋元戏文《张协状元》第三十一出："养子不教父之过，有书不学子之愚。一朝名字挂金榜，此身端若无价珠。书中果有黄金屋，书中果有千钟粟。书中果有福如山，书中果有女如玉。马前喝道状元来，正如林中选大才。跳过禹门三尺浪，俄然平地一声雷。"

③"有田不耕仓廪虚"二句：明代郎瑛《七修类稿》："予义侄夔求终身事，得二句诗：'有田不耕仓廪虚，有书不读子孙愚。'予谓此贫贱耳。今果然。"仓廪，仓库。廪，米仓。虚，空虚。

④兮：句中语气助词。乏：匮乏，贫乏。

⑤礼仪疏：礼仪疏略，即不懂礼仪。

⑥"同君一席话"二句：《二程全书·遗书二十二上·伊川语录》："古人有言曰：'共君一夜话，胜读十年书。'若一日有所得，何止胜读十年书也。"明代许时泉《赤壁遊》："同君一席话，胜读十年书。"

⑦"马牛而襟（jīn）裾（jū）"二句：唐代韩愈《符读书城南》："人不通古今，马牛而襟裾。"襟裾，衣的前襟或后襟，也借指衣裳。

⑧茫茫：形容没有边际，看不清楚。四海：指全国各处，也指全世界各处。丈夫：这里指大丈夫，也指有所作为的人。

⑨"美酒酿成筵好客"二句：唐代吕岩《题沈东老壁》："西邻已富忧不足，东老虽贫乐有余。白酒酿来缘好客，黄金散尽为收书。"元代柯丹邱《荆钗记》第二出："我学生不通古今，一味粗俗，诚所谓马牛而襟裾。"缘，因为。散尽，花光。收书，购买收集书籍。

[译文]

　　积累千两黄金，不如好好解读经书。养儿女却不教育，就和养驴和养猪没有两样。有了田地却不耕种，家中的粮仓也会变得空虚；有书却不读，子孙就会变得愚笨。粮仓空虚，日子过得就没有保障；子孙愚笨，就不懂得礼法道义。同您交谈了一晚，收获比读十年书还多。一个人如果不能博古通今，就和穿上衣服的牛马一样。天大地大，有无数的人，哪个人才是真正的男子汉呢？酿造美酒是为了热情地招待客人，花掉金钱是为了收藏书籍。

〔点评〕

　　古人就已经认识到家庭教育和读书的重要性。对于子女的教育，要依靠良好的家训家风。良好的家训家风能够给子女起到好的训诫、示范作用，如果没有良好的教育，子孙就会愚笨不懂得礼法道义，同动物没什么两样。《管子·牧民》："仓廪实，则知礼节；衣食足，则知荣辱。"耕种解决的是人的物质生活问题，读书解决的是人的精神生活问题，二者相辅相成。一个人想要有所作为，除了埋头苦干，还需要与人交流，尤其是遇到高人或者名师的点拨，会让人豁然开朗。人应该多读书，博闻强识，更好地实现个人的提升。王阳明家训的第一条就是：勤读书。中国古人始终坚信"诗书继世长"。读书为人进德修业立世之要，其最终目的是立德做人。所以，若想成为彬彬君子，第一要务就是勤读书，勤思考。清人陆陇其《三鱼堂文集·示大儿定征》："非欲汝读书取富贵，实欲汝读书明白圣贤道理，免为流俗之人。读书做人，不是两件事。将所读之书，句句体贴到自己身上来，便是做人的法。如此，方叫得能读书人。若不将来身上理会，则读书自读书，做人自做人，只算做不曾读书的人。"反复叮嘱儿子读书,不要注重求取功名富贵,要明理做人,做有道德修养的人。

三十

救人一命,胜造七级浮屠①。城门失火,殃及池鱼②。庭前生瑞草③,好事不如无④。欲求生富贵,须下死工夫⑤。百年成之不足,一旦坏之有余⑥。

〔注释〕

①"救人一命"二句:元代徐田臣《杀狗记》第十二出《雪中救兄》:"救人一命活,胜造七级浮屠福寿昌。你若不开门,后倘或死亡,带累邻家遭祸殃。"《西游记》第八十回:"救人一命,胜造七级浮屠。快去救他下来,强似取经拜佛。"浮屠,梵语音译,即塔、佛塔,俗称宝塔。佛塔的层次一般为单数,如五、七、九、十三级等,而以七级为最多,故有"七级浮屠"之称。

②"城门失火"二句:北齐杜弼《檄梁文》:"但恐楚国亡猿,祸延林木,城门失火,殃及池鱼。"殃,祸害。及,到。池鱼,护城河的鱼。

③庭前:堂前地,院子。瑞草:象征吉祥的草,或称仙草。

④好事不如无:《古尊宿语录》:"上堂云:'乾坤侧,日月星辰一时黑。作么生道?'代云:'好事不如无。'"

⑤"欲求生富贵"二句:《全元散曲·潇湘八景》:"闲来思虑,自从那日赋归欤,山河日月几盈虚,风光渐觉催寒暑。欲求生富贵,须下死工夫,且常教两眉舒。"元代刘唐卿《白兔记》第二十六出《讨贼》:"呐喊下山坡,

牛羊影也无。欲求生富贵,须下死工夫。"生,活的。死工夫,苦功夫。

⑥"百年成之不足"二句:《后汉书·窦融传》:"百年累之,一朝毁之。"宋代王应麟《困学纪闻》:"李长宁曰:'天下至大,宗社至重,百年成之而不足,一日坏之而有余。'刘行简曰:'天下之治,众君子成之而不足,一小人败之而有余。'"一旦,一天之间,指很短的时间。

〔译文〕

救人一条性命的功德,远远胜过修建七层佛塔。城门口着火,会殃及护城河中的鱼。庭院里生长出象征着吉祥的瑞草,会招惹麻烦,这样的好事还不如没有的好。要想获得一生的荣华富贵,就必须拼命努力。多年努力做一件事未必会成功,但一朝不慎将之毁坏却特别容易。

〔点评〕

救人一命是功德无量的事情。天大地大,人命最大。事物之间都是有联系的,如"唇亡齿寒""皮之不存,毛将焉附"等。古人认为,祸福之间是可以相互转化的,如《老子》第五十八章:"祸兮,福之所倚;福兮,祸之所伏。"《淮南子·人间训》中记载的"塞翁失马,焉知非福"的故事也是如此,"近塞上之人有善术者,马无故亡而入胡,人皆吊之。其父曰:'此何遽不为福乎?'居数月,其马将胡骏马而归,人皆贺之。其父曰:'此何遽不能为祸乎?'家富良马,其子好骑,堕而折其髀,人皆吊之。其父曰:'此何遽不为福乎?'居一年,胡人大入塞,丁壮者引弦而战。近塞之人,死者十九,此独以跛之故,父子相保。故福之为祸,祸之为福,化不可极,深不可测也。"任何事情都有两面性,不好的一面,也有可能向好的一面转化。这都体现了古人辩证的思维方式和生存智慧。

为人处事必须务实,不要追求那些虚幻的东西。没有人可以随随便便成功,要想有大的收获,只能努力付出,甚至经历无数的磨难和风险。而且"成难败易",很多事情不是一朝一夕可以完成的,需要长期不懈的努力。细节决定成败,在坚持的过程中一旦稍有松懈,之前所做的一切便会毁于一旦。

三十一

人心似铁,官法如炉①。善化不足,恶化有余②。

[注释]

①"人心似铁"二句:《全宋诗》释智愚《颂古一百首》:"不落因果,突出野狐。人心似铁,官法如炉。不昧因果,得脱野狐。"元代高明《琵琶记》第十七出《义仓赈济》:"假饶人心似铁,怎逃官法如炉?"官法,国家的法律、法规。炉,冶炼用的锅炉,这里比喻国家法律法规对人的教化和惩处。

②善化:指善的影响。恶化:指恶的影响。化,感化。

[译文]

人心冷酷如铁一般坚硬,国家的法律则像熔铁炉一样。对人向善的感化不够,就会滋生人向恶的变化。

[点评]

　　人应当对法律心存敬畏,要遵纪守法。《韩非子·有度》:"刑过不避大臣,赏善不遗匹夫。"战国秦国商鞅变法时期,有一次商鞅发现有个县官私自给一个贫困县拨发救济粮,而当时秦国的新法严厉禁止私自救济这种行为。尽管很多人认为县官情有可原,但商鞅还是依律将其斩首,以儆效尤。商君此举,是为了培养秦人对法律的敬畏之心。

　　性善论认为人的善良本性可以通过道德修养来恢复,性恶论则认为人性中的恶可以通过外在约束来革除。道德不是自然形成的,而是通过后天的家庭、学校等方面的教育而成。如果人们忽视这方面的教育,不去培养人的道德,人就会自私自利,不讲礼仪道义,甚至会做出许多违法乱纪的事情,即所谓"善化不足,恶化有余"。

三十二

　　水至清则无鱼,人太紧则无智①。知者减半②,省者全无③。

[注释]

　　①"水至清则无鱼"二句:《大戴礼记·子张问入官》:"故世举则民亲

之,政均则民无怨。故君子莅民,不临以高,不道以远,不责民之所不能。今临之明王之成功,而民严而不迎也;道以数年之业,则民疾,疾者辟矣。故古者冕而前旒,所以蔽明也;黈纩塞耳,所以弇聪也。故水至清则无鱼,人至察则无徒。"《汉书·东方朔传》:"水至清则无鱼,人至察则无徒。"

②知者:聪明的人。
③省(shěng):指彻底省悟的人。

[译文]

水太清澈了,就不会有鱼;人过于紧张而慌乱或急躁,就不会有太多智慧。明白这个道理心中的急躁就减少一半,彻底省悟这个道理心中就完全没有过急的欲望。

[点评]

凡事有度,不可苛责。人与人相处,不要过于苛刻,如果你对别人求全责备,就交不到朋友,成为孤家寡人,有时甚至还会招来不小的麻烦。《晋书·嵇康传》记载,"竹林七贤"之一的嵇康在贫穷时曾经与向秀一起在大树下打铁,以此来维持生计。颍川的贵公子钟会前去拜访嵇康,嵇康却因为看不上钟会,便没有搭理他,继续打铁。钟会受到冷落,心中怀恨,后来便趁机向司马昭进谗,最终害嵇康被杀。

人太过于紧张,智商就会降低。儒家亦认为"静能生慧"。《昭德新编》说:"水静极则形象明,心静极则智慧生。"《延平答问录》:"盖心下热闹,如何看得道理出?须是静,方看得出。所谓静坐,只是打叠得心下无事,则道理始出。道理既出,则心下愈明静矣。"《素问·上古天真论》指出:"恬淡虚无,真气从之,精神内守,病安从来?"陶弘景说:"静者寿,躁者夭。静而不能养,减寿;躁而能养,延年。"所以无论什么样的境遇,都不要过于急躁,保持内心平静,才能充分发挥智慧,走出困境。

三十三

在家从父,出嫁从夫①。痴人畏妇②,贤女敬夫。

〔注释〕

①"在家从父"二句:《仪礼·丧服》:"妇有三从之义,无专用之道,故未嫁从父,既嫁从夫,夫死从子。"《礼记·郊特牲》:"出乎大门而先,男帅女,女从男,夫妇之义,由此始也。妇人,从人者也:幼从父兄,嫁从夫,夫死从子。"在家,指女子未嫁在家时。由,听凭,听从。

②痴人:愚笨的人。妇:妇人,这里指老婆。

〔译文〕

女子没有出嫁之前,要听从父亲的话;出嫁之后,要听从丈夫的话。愚痴的男子害怕老婆,贤惠的女子敬重丈夫。

〔点评〕

古代女子处于社会底层,受"三从四德"等一系列礼教的规范和约束。"三从",指的是在家从父,出嫁从夫,夫死从子。"四德",即妇德、妇言、妇容、妇功。这是典型的男尊女卑的父权和夫权社会,是中国古代的家庭伦理道德。与当今社会的男女平等完全相反。

夫妻之间的相处之道是互敬互爱。"畏妇"和"畏夫"都不符合夫妻之道,这样的关系难以和谐。《后汉书·梁鸿传》:"(鸿)为人赁春,每归,妻为具食,不敢于鸿前仰视,举案齐眉。"后来用"举案齐眉"来称赞夫妻和谐、婚姻美满。

三十四

是非终日有,不听自然无①。宁可正而不足,不可邪而有余②。宁可信其有,不可信其无③。

〔注释〕

①"是非终日有"二句:宋元戏文《张协状元》:"(净有介)(外)妈妈,为何恁地发怒?(末)县君每常恁地。(净)孩儿要出路,又是我苦,你道焦躁不焦躁!(末)教我如何?(净)叫与我叫过孩儿来。(末)休,休!是非终日有,不听自然无。(净)不听自然无,家中没闷婆。(末)你也忒吵!"是非,指事情的对与错,泛称口舌的争论,多为不好的事情。《庄子·盗跖》:"摇唇鼓舌,擅生是非。"是非,因说话而引起的误会或纠纷。终日,从早到晚。

②"宁可正而不足"二句：正，正当，人品端正。不足，不充足，不够。《列女传·鲁黔娄妻》："先生死，曾子与门人往吊之。其妻出户，曾子吊之。上堂，见先生之尸在牖下，枕墼席槁，缊袍不表，覆以布被，首足不尽敛。覆头则足见，覆足则头见。曾子曰：'邪引其被，则敛矣。'妻曰：'邪而有余，不如正而不足也。先生以不邪之故，能至于此。生时不邪，死而邪之，非先生意也。'曾子不能应，遂哭之曰：'嗟乎，先生之终也！何以为谥？'其妻曰：'以康为谥。'"邪，不正当。不足，生活贫困。有余，才能出众或生活富足。

③"宁可信其有"二句：元代柯丹邱《荆钗记》二十六出《投江》："宁可信其有，不可信其无。"《全元曲·玎玎珰珰盆儿鬼》楔子："那先生人都叫他作贾半仙，宁可信其有，不可信其无。孩儿去意已决，若留在家，也少不得害出场病来。"

〔译文〕

是是非非的事情每天都有，不去听它自然就不会存在。宁可做正直而贫困的人，也不能做奸邪而富足的人。有些事，宁可相信它的存在，也不要相信它的不存在。

〔点评〕

趋利避害是人的本性。在日常生活中，经常会有许许多多的是是非非，使人备受其扰。最好的解决方式就是不予理睬，这是一种智慧，《荀子·大略》："流丸止于瓯臾，流言止于智者。"其实流言是经不起分析的，到了有头脑的人那里自然就不会再继续流传下去。

人的一生,会面临诸多的抉择,如同站在岔路口一样,难以做决定。在富贵和正直之间,孔子说"不义而富且贵,于我如浮云",不能为了富贵而舍弃正义。做人要有底线,不能被物质迷惑双眼和心灵,发家致富要走正道。生活之中,遇到无法断定的事情,我们必须采取谨慎的态度,预先防范,才能以防意外。

三十五

竹篱茅舍风光好①,道院僧堂总不如②。命里有时终须有,命里无时莫强求③。道院迎仙客,书堂隐相儒。庭栽栖凤竹,池养化龙鱼④。

〔注释〕

①竹篱:用竹竿编成的篱笆。茅舍:用茅草盖成的房子。

②道院:道观,道教的庙。

③"命里有时终须有"二句:元代关汉卿杂剧《杜蕊娘智赏金先池》第二折:"命里有终须有,命里无枉生受。"命,命运,迷信的人指人一生注定的生死、贫富和一切遭遇。莫,不要。

④"道院迎仙客"四句:唐代罗隐《罗昭谏集·过梁震居留题》:"道院迎仙客,书堂隐相儒。庭栽栖凤竹,池养化龙鱼。"仙客,对隐士和道士的尊称。书堂,书房。相儒,将来能当宰相的儒生。庭,正房前的院子。栖

凤竹,竹的美称,相传凤凰以竹实为食物。化龙鱼,鲤鱼的美称,相传鲤鱼跃过龙门就变化为龙。

〔译文〕

茅屋竹院的风景很好,道观寺院也比不上它。命里该有的一定会有,命里没有的不要强求。道观寺院迎接神仙一般的贵客,书堂隐居着能够治理国家的宰相儒士。庭院里栽有能够吸引凤凰来栖息的竹子,池塘里养着可以化成龙的鱼。

〔点评〕

理想的居处,不是高楼大厦,不是寺庙道观,而是竹篱茅舍,虽然简陋,却有着生活的安逸。隐士生活和桃花源,为中国文人雅士们所津津乐道。刘禹锡《陋室铭》:"山不在高,有仙则名。水不在深,有龙则灵。斯是陋室,惟吾德馨。苔痕上阶绿,草色入帘青。谈笑有鸿儒,往来无白丁。可以调素琴,阅金经。无丝竹之乱耳,无案牍之劳形。南阳诸葛庐,西蜀子云亭。孔子云:何陋之有?"尽管身处陋室,诗人的身心却是十分愉悦的。

古人由于所处的社会环境和认知的局限,有着非常强烈的天命观,如《周易·系辞》:"乐天知命,故不忧。"在当今社会,人既要积极进取,又要顺其自然,量力而行。对于居住的环境而言,既需要美好的自然环境,也需要典雅的人文环境。当然这些人选择如此清幽的环境,其中还充满着蓄势待发的意味。凤凰不落无宝地,鲤跃龙门,都是说早晚有一天会出人头地。

三十六

结交须胜己^①,似我不如无。但看三五日,相见不如初^②。人情似水分高下,世事如云任卷舒^③。会说说都是,不会说无礼^④。

〔注释〕

①结交:与人交往,建立情谊。胜己:超过自己,比自己优秀。

②"但看三五日"二句:典出《论语·学而》:"子曰:'君子不重,则不威;学则不固。主忠信。无友不如己者。过,则勿惮改。'"元代徐田臣《杀狗记》第四出《妻妾共议》:"结交须胜己,似我不如无。"但,只要。三五日,指时间短。初,刚相识时。

③"人情似水分高下"二句:《全宋诗》廖行之《和张王臣登清斯亭韵三首》其一:"人情似水多泾渭,世味如禅说蜜櫃。"宋代释斯植《挽周彦良》:"诗名似水声还远,世事如云梦已残。"卷舒,卷起与展开,比喻变化无常。

④"会说说都是"二句:一作"会说说都市,不会说屋里"。

〔译文〕

跟比自己强的人做朋友,与自己水平差不多的还不如不交往。同朋友仅仅相处几天,见面的感觉就不如初见时那样美好。人的感情像水一样有高下之分,世事像浮云一样卷起又展开。

会说的人讲的都是都市里的事情,不会说的只能讲一些鸡毛蒜皮的小事。

[点评]

　　《论语·学而》:"无友不如己者。"意思是交朋友不要交那些不如自己的人。自古以来的"良师益友""同志为友""近朱者赤,近墨者黑"等等,这些语句意在告诉我们交友的重要性。与有学问的人为友,他们丰富而广博的学识能够提高我们的知识水平,还会开阔我们的视野。这就如同下棋一样,如果只和自己水平差不多或者不如自己的人下棋,即使局局胜利,也不会有所进步。"见贤思齐"就是这个意思。不过,我们要知道每个人都各有所长,交友最主要的还是志同道合,互相尊重,取长补短。

　　友谊是需要时间检验的,一见如故毕竟是少数。因为交往之始,大家都会比较注意自己的言行举止,隐藏自己的缺点,尽量展示出自己完美的一面。而随着时间的推移,身上固有的一些毛病、缺点就会暴露出来,当初美好的感觉也就渐渐消失不见了。

　　人情世故变化无常,只能以闲淡的生活态度和超然的心态来面对。如苏轼在面对三次贬谪之时,也痛苦过、迷茫过,但是他最终却能以一种超然的心态来面对生活中的逆境。

　　说话不仅讲究技巧,同时也与所谈的内容密切相关。一个人所说的内容,可以表现出其眼界、心胸和修养。一个不会说话的人,说的都是鸡毛蒜皮的小事。因此会说话是一门艺术,需要加强自己的素质和修养,扩展自己的视野,提高自己的水平。

三十七

磨刀恨不利①,刀利伤人指。求财恨不多,财多害人己②。知足常足,终身不辱。知止常止,终身不耻③。有福伤财④,无福伤己。

〔注释〕

①恨:遗憾,担心。

②"求财恨不多"二句:唐代诗僧寒山诗:"贪人好聚财,恰如枭爱子。子大而食母,财多还害己。"意思是贪财的人都喜欢聚敛财富,就像枭喜爱自己的孩子那样。小枭长大了就会把母亲吃了,财富太多了还会害了自己。害人己,一作"害自己"。

③"知足常足"四句:《老子》第四十四章:"甚爱必大费,多藏必厚亡。故知足不辱,知止不殆,可以长久。"知足,对于已经得到的感到满足。终身,一生,一辈子。知止,懂得适可而止。辱,侮辱,屈辱。耻,指令人感到羞耻的事。

④伤财:损失钱财。

〔译文〕

磨刀的时候,唯恐刀磨得不够锋利;刀锋利的时候,则容易伤害人的手指。追求钱财的时候,总是嫌弃钱财不够多;钱财太多的时候,反而会害了自己。懂得满足现状,就会经常感到满足,一生也不会受到屈辱。懂得适可而止,就能够做事有度,一生都不会遭受耻辱。有福气的人,遇到不幸的时候,只是损失钱财;没有福气的人,则会伤及自身。

〔点评〕

　　事物都具有两面性,刀磨得太锋利和钱财太多,就会给人带来伤害。事物是矛盾的统一体,都具有两面性:有利的和不利的。如果懂得知足常乐,适可而止的道理,在钱财、名利和地位的追求上,能够做到知进退,就不会受到耻辱。知足者才会常乐,不知足者则会天天心生烦闷,怨恨不已。《不知足歌》被称为千古奇歌,仅用了二十二句一百五十四字,就把人的一生展现出来。其实知足幸福是人的一种感觉,与物质和金钱关系不大。一个人如果"不知足"的话,即使活上一百年也没有一刻欢乐,每日只有无限的欲望和愁叹。其实钱财乃身外之物,危急时刻,性命最为重要,"破财免灾"就是这个道理。曾国藩在家书中就曾反复引用其祖父星冈公的话:"有福之人善退财。"当然,有时候"不知足"也未必都是坏事。人毕竟要有上进之心,这样社会才会进步,人类才会发展。"知足"是为了今天能够快乐地活着,"不知足"则是为了明天能够更好地活着。只要掌握好尺度,人生自然会更加美好。

三十八

差之毫厘,失之千里①。若登高必自卑,若涉远必自迩②。三思而行,再思可矣③。使口不如自走④,求人不如求己⑤。

〔注释〕

①"差之毫厘"二句:《礼记·经解》:"《易》曰:'君子慎始,差若毫厘,谬以千里。'"《史记·太史公自序》:"失之毫厘,谬以千里。"《说苑·建本》:"失之毫厘,差以千里。"毫厘,微小的长度单位。

②"若登高必自卑"二句:《尚书·太甲》:"若升高,必自下;若陟遐,必自迩。"《墨子·经说下》:"行者必先近而后远。"《礼记·中庸》第十五章:"君子之道,辟如行远,必自迩;辟如登高,必自卑。"卑,低。迩(ěr),近处。

③"三思而行"二句:《论语·公冶长》:"季文子三思而后行。子闻之曰:'再,斯可矣。'"三思,反复思考。再,第二次。

④使口:用口,动嘴。自走:自己做。

⑤求人不如求己:《论语·卫灵公》:"君子求诸己,小人求诸人。"《文子·上德》:"怨人不如自怨,求诸人不如求之己。"

〔译文〕

极小的差错,会导致巨大的错误。如果要登上高处,就必须从低处出发;如果要走到远方,就必须从近的地方起步。遇到事情要多次思考之后再去做,但通常思考两次也就够了。动嘴指使别人做事还不如自己亲自去做,求别人帮助自己做事还不如靠自己努力去做。

〔点评〕

做事情要小心谨慎,不可马虎大意。"慎始""慎微"的思想在古代就有,如《吕氏春秋·察微》:"故治乱存亡,其始若秋毫。察其秋毫,则大物不过矣。"意思是说,治乱存亡,问题刚刚出现的时候都是十分微小的。如果在开始时就能够做到明察秋毫,那么就不会出现大的问题了。

做事情,一定要遵循事物的内部规律,一步一个脚印踏踏实实地做起,不可急于求成。万丈高楼平地起,千里之行始于足下。《荀子·劝学》:"不积跬步,无以至千里;不积小流,无以成江海。"《老子》第六十四章:"合抱之木,生于毫末;九层之台,起于累土;千里之行,始于足下。"说的都是小事情虽然微不足道,但是却是一切的开始,对于学习和生活都是如此。

做事情必须要有周密的思考和安排,不能盲目,要尽量做到三思而后行。事情是靠做出来的,而不是靠嘴说出来的。常言道:"上山擒虎易,开口求人难。"寻求他人的帮助,需要经过他人的同意,还需看人脸色,如果被拒绝,还会伤及自尊心,所以远不如自给自足,自食其力。在学习、工作和生活中,人们总会遇到各种各样的困难,这就需要培养独立解决问题的能力,唯有此才能够快速成长。

三十九

小时是兄弟,长大各乡里①。妒财莫妒食,怨生莫怨死②。

〔注释〕

①各乡里:各自居住在不同的地方。乡里,乡民聚居的基层单位。
②妒:因别人比自己好而忌恨。怨:抱怨,埋怨。莫:不要。

〔译文〕

小时候是好兄弟,长大之后就各奔东西了。可以妒忌他人的钱财,但不能妒忌别人的食物。人活着的时候可以去埋怨他,但是人死了就不要再去埋怨了。

〔点评〕

小时候亲密如兄弟,长大之后各奔东西,较少来往,关系就变淡了,这是十分常见的情况。时间的变迁会让亲密的人逐渐疏远,不仅仅是感情上的,还因各种外在因素,如身份、地位等差异,都会让原本亲密无间的人们变得生疏起来。

嫉妒,可以说是一种私欲极强的心理意识的表现。"妒财莫妒食"是说可以嫉妒别人的钱财,却不能嫉妒别人的食物。其实无论是钱财还是食物,都不要嫉妒。面对别人的优越,要放平心态,不要憎恨,更不要做损人不利己的事情。嫉妒会让人面目可憎,可以羡慕别人,但是不要嫉妒他人。庞涓陷害孙膑,出于嫉妒;韩非之死,也是出于李斯的嫉妒。人活着的时候可以去埋怨他,但是人死了就不要再去埋怨了。毕竟死者为大,一切都已经过去了,放下怨恨,就等于放过自己。其实嫉妒和怨恨都是不良的心理,做人不要太过狭隘,要有宽恕之心,否则终会害人害己。

四十

人见白头嗔①,我见白头喜。多少少年亡②,不到白头死。

〔注释〕

①白头:指白头发的老人。嗔(chēn):怒,生气。
②亡:死。

〔译文〕

别人看见头上长了白发就很生气,我看见了却感到很高兴。因为世上有很多年轻人还没有活到有白头发的时候就不幸离开了人世。

[点评]

　　白发是长寿的象征,"见白头喜",无疑是一种乐观的人生态度。一个人的出生和死亡,是大自然的必然规律,谁都无法抗拒。"花有重开日,人无再少年",说的就是花开花落自有时,人也一样,想要青春永驻是不可能的。风华正茂的青年,血气方刚的壮年,垂垂老矣的晚年,都是人生的不同阶段。对镜感慨生白发,其实是没有必要的。想想那些早年夭折的人,根本没有等到长白发的时候就已经离开了人世。白居易在给刘禹锡的《咏老赠梦得》诗中写道:"与君俱老矣,自问老何如?眼涩夜先卧,头慵朝未梳。有时扶杖出,尽日闭门居。懒照新磨镜,休看小字书。情于故人重,迹共少年疏。唯是闲谈兴,相逢尚有余。"从这首诗中我们可以看出白居易和刘禹锡二人在面对老年的心态是不同的,白居易心中充满了感伤,而刘禹锡虽然也深有同感,但是他却能够用积极乐观的态度去面对,用一首《酬乐天咏老见示》回赠:"人谁不顾老,老去有谁怜?身瘦带频减,发稀冠自偏。废书缘惜眼,多灸为随年。经事还谙事,阅人如阅川。细思皆幸矣,下此便翛然。莫道桑榆晚,为霞尚满天。"老年也是人生的一个自然阶段,以豁达的态度去接受自己老去,以积极的态度去度过余生,才是老年人最好的状态。

四十一

墙有缝,壁有耳①。好事不出门,恶事传千里②。

[注释]

①"墙有缝"二句:《管子·君臣下》:"古者有二言:'墙有耳,伏寇在侧。'墙有耳者,微谋外泄之谓也。"壁有耳,指隔壁有伸着耳朵偷听的人。

②"好事不出门"二句:五代孙光宪《北梦琐言》第六卷:"所谓好事不出门,恶事行千里,士君子得不戒之乎?"《水浒传》第二十四回:"好事不出门,恶事传千里。"不出门,指不会传到门外。恶事,坏事。

[译文]

墙壁都有裂缝,隔壁可能会有人偷听。好的事情不易传扬出家门,而坏的事情却可以传播到千里之外。

[点评]

《礼记·缁衣》:"则民谨于言而慎于行。"谨言慎行,是人生最好的修为。有智慧的人,在一言一行之中都会谨慎,在说话和做事的时候,都会进行周密的思考,让言行尽善尽美。人们经常在背后说人,常言道"隔墙有耳""世上没有不透风的墙",墙壁都有裂缝,随时都可能会有人偷听。好的事情不易传扬出家门,而坏的事情却可以传播到千里之外,因为世人都有一个弱点,就是喜欢探听他人的隐私并予以传播。相反,对于一些好人好事,则不容易被人们所注意。所以我们要像爱护羽毛一样爱惜自己的声誉,不要因为做坏事而让自己的名誉扫地。

四十二

贼是小人,智过君子[1]。君子固穷,小人穷斯滥矣[2]。贫穷自在,富贵多忧[3]。不以我为德,反以我为仇[4]。宁向直中取,不向曲中求[5]。

〔注释〕

[1]"贼是小人"二句:《五灯会元·子陵自瑜禅师》:"郢州子陵山自瑜禅师,僧问:'如何是古佛心?'师曰:'赤脚趿泥冷似冰。'曰:'未审意旨如何?'师曰:'休要拖泥带水。'问:'泗洲大圣为甚么扬州出现?'师曰:'业在其中。'曰:'意旨如何?'师曰:'降尊就卑。'曰:'谢和尚答话。'师曰:'贼是小人,智过君子。'"小人,人格卑鄙的人。君子,人格高尚的人。

[2]"君子固穷"二句:《论语·卫灵公第十五》:"在陈绝粮,从者病,莫能兴。子路愠见曰:'君子亦有穷乎?'子曰:'君子固穷,小人穷斯滥矣。'"固穷,信守道义,安于贫贱穷困。斯,于是,就。滥,没有操守,胡作非为。

[3]"贫穷自在"二句:《景德传灯录》卷二十一:"宁可清贫自乐,不作浊富多忧。""富贵多忧",《全宋词》张纲《感皇恩·休官》:"苦贪富贵,多

忧多虑。百岁光阴能几许。醉乡日月,莫问人间寒暑。兴来随短棹,过南浦。"自在,自由,没有拘束。

④"不以我为德"二句:《诗经·邶风·谷风》:"不我能慉,反以我为仇。既阻我德,贾用不售。"德,恩惠,恩德。

⑤"宁向直中取"二句:明代许仲琳《封神演义》第二十三回《文王夜梦飞熊兆》:"子牙曰:'你只知其一,不知其二。老夫在此,名虽垂钓,我自意不在鱼。吾在此不过守青云而得路,拨阴翳而腾霄,岂可曲中而取鱼乎!非丈夫之所为也。吾宁在直中取,不向曲中求,不为锦鳞设,只钓王与侯。'"直,公正,正直,正当手段。曲,歪门邪道,不正派。

〔译文〕

贼是卑鄙小人,其心机超过正人君子。君子穷困之时依然能够安分守己,小人穷困之时则会肆意妄为。贫穷的人活得自由自在,富贵的人则多活得十分忧愁。不把我当作恩人,反而把我视为仇人。宁可用正当的方式去争取,也不可以用歪门邪道的手段去谋求。

〔点评〕

生活的态度很重要,如何在贫穷和富贵中取舍,最能够看出君子与小人的区别。人格的高下是君子与小人的区别所在,而不是在于智慧。因为君子穷困之时依然能够安分守己,小人穷困之时则会肆意妄为。

穷人与富人相比,虽然在生活上艰苦,但是胜在自由自在,无拘无束;富人常常受烦恼的牵缠,活得非常累。然而,这并非是绝对的。我们应该做到"不汲汲于富贵,不戚戚于贫贱",唯有活在当下,才是最踏实的。

人与人的关系很复杂,你本以为有恩于人,就算得不到回报,也不会被人怨恨。然而,社会上有一种人,"恩将仇报",把恩人当作仇人,忘恩负义,以怨报德。"中山狼"出自明代马中锡的《中山狼传》,后人常用其来形容忘恩负义、恩将仇报的人。

做人应光明磊落,在追求名利的时候要采取正当的手段,走正道,做正事。小人为了达到目的,无所不用其极,即使失去人格、尊严,也在所不惜。君子则不同,他们的一举一动都光明磊落,从来不会因为想要达到某种目的而放弃人格。尽管走正道很慢,甚至收获也很少,但是这样的获取合理合法,让人心安理得。

四十三

人无远虑,必有近忧①。知我者谓我心忧,不知我者谓我何求②?晴天不肯去,直待雨淋头③。成事莫说④,覆水难收⑤。

〔注释〕

①"人无远虑"二句:《论语·卫灵公第十五》:"人无远虑,必有近

忧。"远虑,长远的打算。近忧,近在眼前的忧愁。

②"知我者谓我心忧"二句:《诗经·王风·黍离》:"知我者谓我心忧,不知我者谓我何求。悠悠苍天,此何人哉!"何求,寻求什么。

③"晴天不肯去"二句:《五灯会元·保福从展禅师》:"时有僧出,方礼拜,师曰:'晴干不肯出,直待雨淋头。'"宋代许月卿《涉世》:"了却君王事便休,去时莫待雨淋头。"宋代蒋捷《沁园春·次强云卿韵》:"叹晴干不去,待雨淋头。"干,天气干爽。

④成事莫说:《论语·八佾》:"子闻之曰:'成事不说,遂事不谏,既往不咎。'"莫,不要。

⑤覆水难收:《鹖冠子》注曰:"太公(周姜尚,又名吕尚、太公望,俗称姜太公)既封齐侯,道遇前妻,再拜求合(妻求复婚)。公取盆水覆地,令收之,惟得少泥。公曰:'谁言离更合,覆水定难收。'"《后汉书·何进传》:"国家之事易可容易?覆水不收,宜深思之。"覆水,倾倒的水。

〔译文〕

人如果不做长远的打算,就一定会有近在眼前的忧虑。理解我的人,说我心中充满了忧愁;不理解我的人,还以为我有什么别的企求。晴天干燥的时候不肯去做事,直到大雨淋头才开始行动。已成定局的事情,就不要再议论了;泼出去的水,是难以收回来的。

〔点评〕

做事情要有一定的计划性,"远虑"和"近忧"存在着必然的关系。长远的打算可以为当下的行动指明方向,当下的行动可以为未来的目标打下基础。老看眼前的事物,必然会忘却积极奋斗的远景期待。一个人做事情有一定的追求和规划,他就会因此而严格要求自己,在保证完成这个目标的同时,还能够完善自己的行为。"寒号鸟"的故事大家都耳熟能详,寒号鸟只顾眼前,不考虑长远,在天地变冷前不抓紧时间垒窝,最终只能是"毛羽脱落,索然如鷇雏"。

不被人所理解是人最痛苦的事情,如《诗经·王风·黍离》中的主人公由于不被人所理解,发出了"悠悠苍天,此何人哉"的慨叹。屈原"信而见疑,忠而被谤",心中苦闷彷徨,无处发泄,只能通过《离骚》以排解。

做事情要积极主动,雷厉风行,说干就干。只有把握时机,未雨绸缪,才能做成事情。如汉代司马相如《上书谏猎》:"盖明者远见于未萌,而知者避危于无形,祸固多藏于隐微,而发于人之所忽者也。故鄙谚曰:'家累千金,坐不垂堂。'此言虽小,可以喻大。"

对于既成的事情,不要多加议论,要学会接受,因为已成定局,无可挽回,要学会接纳认同。而人们往往会空自抱怨、悔恨,或是因为一时的失败,而有"一朝被蛇咬,十年怕井绳"的心理负担。其实这些都大可不必,我们要做的是鼓起勇气,吸取经验教训,争取下一次的成功。

四十四

是非只因多开口,烦恼皆因强出头。忍得一时之气,免得百日之忧①。近来学得乌龟法,得缩头时且缩头②。惧法朝朝乐,欺公日日忧③。

〔注释〕

①"是非只因多开口"四句:元代孟汉卿《张孔目智勘魔合罗》第三折:"是非只为多开口,烦恼皆因强出头。忍得一时之气,免得百日之忧。""是非只为多开口"二句,元代史九散人杂剧《老庄周一枕蝴蝶梦》第三折:"是非只为多开口,烦恼皆因强出头,悔又何尤。"是非,因说话而引起的误会或纠纷。为,因为,由于。开口,指说话。强,勉强,强要。一时,暂时,一会。

②"近来学得乌龟法"二句:宋元戏文《张协状元》第二十四出:"我近来学得乌龟法。得缩头时且缩头。"近来学得乌龟法,《五灯会元·大同旺禅师》:"僧问:'如何是祖师西来意?'师曰:'入市乌龟。'曰:'意旨如何?'师曰:'得缩头时且缩头。'"

③"惧法朝朝乐"二句:宋代陈录《善诱文·赵清献公座右铭》:"依本分,莫妄求。知足胜持斋,无求胜妄想。惧法朝朝乐,欺公日日惊。"惧,害怕,敬畏。惧法,害怕法律惩罚。欺公,欺骗国家,这里指各种违法的行为。

〔译文〕

是非都是因为多讲话而引起的,烦恼都是因为逞强、爱出风头导致的。忍下一时的怒气，可以免除长久的忧愁。最近学到乌龟的做法，当需要缩头的时候就要把头缩回去。对法律保持敬畏，天天都会安乐；冒犯公法，时时都会有忧患。

〔点评〕

明哲保身为古今处世之道，孔子曾说："为了一时的气愤，就忘了自身的安危，并且连累到亲人，这不是非常糊涂的事情吗？"许多是非都是由于话多而引起的，许多烦恼也都是因为逞强、爱出风头而导致的。如果凡事都能够做到以忍为上的话，那么就可以免除诸多的烦恼。

人有一张嘴，一是用来吃喝，二是用来说话。俗话说"言多必有失"，如果只为逞一时口舌之快，惹出一些麻烦，就得不偿失了。做事情也要量力而行，尽管敢说敢为应该提倡，但首先要保护好自己不受伤害。遇到令人气愤的事情，在小事上忍耐，可以免除由于冲动而带来的大麻烦；对于大事忍耐，则有助于成就大事业。人要学会变通，能屈能伸，虽然有时候做缩头乌龟难免觉得窝囊，但是如果这样可以避免灾祸，也是值得的。人遇到不利情况，应当具体问题具体分析，如果事关国家、人民利益之时，应该积极参与。每个人都应该知法、守法，只有奉公守法，心中无私，才能平静，了无牵挂。否则，做了坏事，心怀鬼胎，惶惶不可终日，也不会快乐的。

四十五

人生一世,草木一春①。白发不随老人去,看来又是白头翁②。月过十五光明少,人到中年万事休③。儿孙自有儿孙福,莫为儿孙作马牛④。

〔注释〕

①"人生一世"二句:《全唐诗补编》:"人生一世,草木一时。"有版本作"草木一秋"。一世,一辈子。一春,一个春季。

②白头翁:白发老人。

③"月过十五光明少"二句:元代关汉卿杂剧《包待制三勘蝴蝶梦》第一折:"(李老同旦引三末上)月过十五光明少,人到中年万事休。"十五,指农历每月的十五。休,停止,罢休。

④"儿孙自有儿孙福"二句:宋代徐守信《绝句》:"汲汲光阴似水流,随时得过便须休。儿孙自有儿孙福,莫与儿孙作马牛。"关汉卿杂剧《包待制三勘蝴蝶梦》楔子:"月过十五光明少,人到中年万事休。儿孙自有儿孙福,莫为儿孙作远忧。"元代高文秀杂剧《好酒赵元遇上皇》第一折:"发若银丝两鬓秋,老来腰曲便低头。月过十五光明少,人过中年万事休。"马牛,指甘愿被人当作牛马使唤。

〔译文〕

人只能活一世,草木也只能繁荣一个春天。白头发不会随着老人的去世而消失,黑头发的人转眼就会变成白发老人。月亮过了农历十五之后,光明就会逐渐减少;人到了中年以后也就不会有大的作为了。儿孙自有他们自己的福气,做长辈的不要为他们的事情操心费力。

〔点评〕

  古人有许多劝学和珍惜时间的告诫,比如唐代颜真卿《劝学》:"三更灯火五更鸡,正是男儿读书时。黑发不知勤学早,白首方悔读书迟。"年轻人要及早努力学习,以免将来后悔。人生短暂,不过几十年而已,一定要在中年之前取得事业上的成功,切勿浪费大好光阴。无论贫穷富有、成功失败,终究也逃不过衰老。既然如此,我们当下所能做到的,就是在有限的生命中,尽自己最大的努力好好生活。每个人都有着自己的成长轨迹,有的人少年成才,有的人大器晚成。无论处于人生的哪个阶段,只要一直保持着好奇心和学习的热情,成功时间的早晚都没有关系。

  我们中国人的家庭观念很重,讲究的是父慈子孝,因此,父母常常为儿孙付出全部也在所不惜。殊不知,过多的干预不但会使儿孙产生厌烦,还会阻碍他们的正常成长和发展。试想一下,一个孩子从小事事被父母包办,那么如何培养他独立自主的能力?如何使之在社会上立足?那些"妈宝男""公主病",都是由于长辈的溺爱和过度纵容、事事包办而导致的。父母应该学会适当地放手,让孩子自由成长,这样才是真爱。

四十六

人生不满百,常怀千岁忧①。今朝有酒今朝醉,明日愁来明日忧②。路逢险处难回避,事到头来不自由③。药能医假病,酒不解真愁④。

〔注释〕

①"人生不满百"二句:汉乐府《古诗十九首》:"生年不满百,常怀千岁忧。"百,百岁。忧,忧虑,担心。

②"今朝(zhāo)有酒今朝醉"二句:唐代罗隐《自遣》:"得即高歌失即休,多愁多恨亦悠悠。今朝有酒今朝醉,明日愁来明日愁。"

③"路逢险处难回避"二句:元代高明《琵琶记》第十七出《义仓赈济》:"路逢险处难回避,事到头来不自由。奴家少长闺门,岂识途路。今日见官司放粮济贫,只得去请些稻子,以救公婆之命。"《明心宝鉴·继善篇》:"恩义广施,人生何处不相逢。仇怨莫结,路逢狭处难回避。"到头来,最后,结果。

④解:消除,去掉。

〔译文〕

人的一生活不到一百岁,内心却常常怀有千年之后的忧患。今天有酒,今天就要一醉方休;明天的忧愁,等到明天再说吧。走路的时候遇到危险的地方,就难以躲避了;麻烦事临到头上的时候,就由不得自己了。药能够治好人们假装的病,酒却不能解除内心真正的忧愁。

[点评]

人生苦短,不必因为一些毫无意义的事情而感到忧愁。喝酒虽然能让人暂时忘掉烦恼,但是那只是暂时的麻痹,根本无法消除真正的忧愁。消极抵抗不如积极面对,只有直面困境,找到解决问题的方法,才能够排解忧愁。

及时行乐通常被当作一种消极颓废的人生观。不过,如果从另一个角度来看,暂时放松身心,享受当下,也未尝不是一种好的修身养性方式。李白《春夜宴桃李园序》:"夫天地者,万物之逆旅。光阴者,百代之过客也。而浮生若梦,为欢几何?古人秉烛夜游,良有以也。"古人秉烛夜游,表达的也是一种及时行乐的思想。唐代诗人罗隐仕途坎坷,十举进士而不第,《自遣》为其感慨所作,引题自嘲。

做事情要善于谋划,否则在遇到险境和危急之时就难以脱困。当然,如果能够做到"未雨绸缪"最好了,就会"有备无患"。险境和危急是可以回避的,只要积极地去应对,还是有峰回路转、柳暗花明之时。

四十七

人平不语,水平不流[①]。一家养女百家求,一马不行百马忧②。有花方酌酒,无月不登楼③。三杯通大道,一醉解千愁④。深山毕竟藏猛虎,大海终须纳细流⑤。

〔注释〕

①"人平不语"二句:《朱子语类》卷第七十五《易十一》:"'天下之至动',事若未动时,不见得道理是如何。人平不语,水平不流,须是动,方见得。"宋代释师观《颂古三十三首》其一:"汉既不管,秦亦不收。人平不语,水平不流。"元代柯丹邱戏文《荆钗记》二十六出《投江》:"人平不语,水平不流。"平,公平,一作"贫"。

②"一家养女百家求"二句:元代柯丹邱戏文《荆钗记》第八出《受钗》:"(外)你那婆子,晓得什么?'一家女子百家求,求了一家便罢休。'(净)闭了嘴,'一家女子百家求,九十九家不罢休。'(丑)只有一家不求得,扒在屋上打砖头,一失手打了老许的头。"求,追求。

③"有花方酌酒"二句:元代无名氏杂剧《苏子瞻醉写赤壁赋》第二折:"再谁想有花方饮酒,无月不登楼。"元代杂剧《罗李郎大闹相国寺》第一折:"你待纵酒饮深瓯,花带大开头。因花为酒添憔瘦,还道是有花方酌酒,无月不登楼。早辰间因酒病,到晚来为花愁。可不道野花村务酒。"酌,斟酒,喝酒。

④"三杯通大道"二句:李白《月下独酌四首》其二:"三杯通大道,一斗合自然。"元代高文秀杂剧《须贾大夫谇范叔》第一折、元代武汉臣杂剧《包待制智赚生金阁》第三折:"三杯和万事,一醉解千愁。"三杯,几杯酒,古代的"三"常为虚指。大道,高深的道理。千愁,众多的忧愁。

⑤"深山毕竟藏猛虎"二句:南朝宋谢惠连《猛虎行》:"猛虎潜深山,长啸自生风。"荀子《劝学》:"不积小流,无以成江海。"李斯《谏逐客书》:"泰山不让土壤,故能成其大;河海不择细流,故能就其深;王者不却众庶

故能明其德。"《管子·形势解》:"海不辞水,故能成其大;山不辞土石,故能成其高;明主不厌人,故能成其众;士不厌学,故能成其圣。"终,终究,最终。纳,接收。

〔译文〕

人受到公平的待遇,就没有牢骚了;水处在同一个平面上,就不会流动了。一家养育了女儿,百家都来求亲;一匹马不走,其他的马都跟着犯愁。有花可赏才值得喝酒,没有月光就不要登楼。三杯酒喝下去,可以通晓道理;一醉后可以解除千般烦恼和忧愁。深山之中必然会藏有猛虎,大海终究要容纳细流。

〔点评〕

人类一直都在追求公平,公平了,人的内心就会平和,就不会有满腹的牢骚,社会也就安定了。《论语·尧曰》:"宽则得众,信则民任焉,敏则有功,公则说。"《荀子·正论》:"世俗之为说者曰:'主道利周。'是不然。主者,民之唱也;上者,下之仪也。彼将听唱而应,视仪而动。唱默则民无应也,仪隐则下无动也。不应不动,则上下无以相胥也。若是,则与无上同也,不祥莫大焉。故上者下之本也;上宣明则下治辨矣,上端诚则下愿悫矣,上公正则下易直矣。"都道出了公平公正的重要性。公正不是平均、相同,是合乎整个社会的公理正义,没有偏私欺瞒,有理有节,有赏有罚。韩愈在《送孟东野序》中提出"不平则鸣":"大凡物不得其平则鸣:草木之无声,风挠之鸣;水之无声,风荡之鸣。其跃也,或激之,其趋也,或梗之,其沸也,或炙之;金石之无声,或击之鸣。人之于言也亦然,有不得已者而后言,其歌也有思,其哭也有怀,凡出乎口而为声者,其皆有弗平者乎!"

一个人可以影响一群人,一件事也可以影响到很多事情。这说明万事万物都存在着一定的联系,同时个体和群体之间也是互相影响的。尽管闲情逸致包括赏花饮酒、望月登楼。酒醉可以让人暂时忘却忧愁,但酒醒之后,还是要回归现实,忧愁依然如旧。明代唐寅:"一醉解千愁,酒醒愁还在。"说的就是此意。乐观向上的精神状态是一个人应该具备的,凡事要想得开,积极去解决。

深山之中必然会藏有猛虎,大海终究要容纳细流。"海纳百川,有容乃大",人的胸怀广阔,才能容纳不同的意见,接纳形形色色的人。法国著名作家雨果说:"世界上最宽阔的东西是海洋,比海洋更宽阔的是天空,比天空更宽阔的是人的心灵。"能容纳人,听进不同的意见,团结各方人士,才能够成就一方大业。

四十八

惜花须检点,爱月不梳头①。大抵选他肌骨好,不傅红粉也风流②。

〔注释〕

①"惜花须检点"二句：检点，行为谨慎。元代马致远杂剧《西华山陈抟高卧》第三折："休想我惜花春早起，爱月夜迟眠。"

②"大抵选他肌骨好"二句：《侯鲭录·圆通禅师所作颂》："圆通禅师秀老，本关西人，立身峻洁如铁壁，得法于义怀禅师，不肯出世，作颂云：'谁能一日三梳头，撮得髻根牢便休。大抵是他肌骨好，不施红粉也风流。'"《五灯会元·报恩法演禅师》："汀州报恩法演禅师，果州人。上堂，举俱胝竖指因缘，师曰：'佳人睡起懒梳头，把得金钗插便休。大抵还他肌骨好，不涂红粉也风流。'"抵，大概。选，一作"还"。肌骨，指肌肤、容颜。傅，一作"搽"。红粉，指女性梳妆打扮用的脂粉。风流，风韵美好。元代徐田臣《杀狗记》第四出《妻妾共议》："端然闭月羞花，何必浓妆淡抹？大抵还他肌骨好，不搽红粉也风流。"大抵，大概，大致，大约。肌骨，肌肤和骨头，代指人的身体容颜，也代指事物的质地。风流，风韵美好。

〔译文〕

爱护鲜花，就要约束自己的言行，不去攀折花枝；爱惜月亮，就无须梳妆打扮后再去欣赏。只要五官长得好，即使不搽脂抹粉也很漂亮。

〔点评〕

爱美之心人皆有之，对于美好的事物，人们常怀爱惜之情。只有长在花枝上的鲜花才是美丽的，只有挂在夜空中的月亮，才是明亮的。真正的喜欢与爱惜，不是占有，而是看到对方的美好觉得开心快乐。试想一下，如果把开得好好的花摘下来，它便存活不了几天，其美丽自然也就不存在了。

女子天生丽质，就不需要刻意地涂脂抹粉。但是爱美和追求完美的心理，使她们不愿意以素颜见人，总是在化妆之后才觉得美丽。清代周济《介存斋论词杂著》："毛嫱、西施，天下美妇人也。严妆佳，淡妆亦佳，粗服乱头，不掩国色。"这些美人天生丽质，略施粉黛，盛装浓抹，都可以驾驭。苏轼《饮湖上初晴后雨二首·其二》："欲把西湖比西子，淡妆浓抹总相宜。"说的也是真正的美无须刻意雕饰。

四十九

受恩深处宜先退，得意浓时便可休①。莫待是非来入耳，从前恩爱反成仇②。留得五湖明月在③，不愁无处下金钩④。休别有鱼处，莫恋浅滩头⑤。去时终须去，再三留不住⑥。

〔注释〕

①"受恩深处宜先退"二句：其中"得意浓时便可休"句出自《全宋词》晦庵《满江红》："胶扰劳生，待足后、何时是足。据见定、随家丰俭，便堪龟缩。得意浓时休进步，须知世事多翻覆。漫教人、白了少年头，徒碌碌。"宋代罗大经《鹤林玉露》卷四："此词或传朱熹作，朱熹云非。"深，感情深

厚。宜,应该。得意,得志,实现其志愿。浓,指程度深。休,停止,罢休。

②是非:因说话而引起的误会或纠纷。仇:仇恨。

③五湖:太湖及附近四湖,春秋末越国大夫范蠡,辅佐越王勾践灭吴国,功成身退,乘轻舟以隐于五湖。见《国语·越语下》。后就以"五湖"或"五湖明月"指隐居遁世之所。

④金钩:金属钓钩。

⑤"休别有鱼处"二句:宋元戏文《张协状元》:"(丑)个丫头到官司,直是会供状。我便是着响个。(末)你只是没道理。孩儿,你先归去。(丑)我归去说与亚娘,不要你做老婆。(末)它不烦恼。(丑)你莫欺我,第一会读《蒙求》,第二会看水牛。(末)照管吃跌。(丑)自有钓鱼处,不在浅滩头。"恋,贪恋。浅滩,江河中水浅多石而水流很急的地方。

⑥"去时终须去"二句:《全宋词》严蕊《卜算子》:"不是爱风尘,似被前身误。花落花开自有时,总赖东君主。去也终须去,住也如何住。若得山花插满头,莫问奴归处。"

[译文]

受到他人恩惠多的时候,就应该及早退让;春风得意的时候,就要及时罢休。不要等到是非传入耳内的时候再罢手,过去的恩爱就变成了怨恨。只要五湖上的明月还在,就不用担心没有地方下钩钓鱼。不要轻易离开有鱼的地方,也不要过分迷恋浅水无鱼的滩头。该失去的东西终究会失去,如何挽留都是毫无意义的。

[点评]

凡事要见好就收:当事物发展到顶点时,就会向相反的方向

四十九 | 83

转化,即所谓的"物极必反"。"月盈则亏""水满则溢",在中国历史上,有很多有识之士,都能够认识到这点,他们能够冷静地判断自己的处境,并迅速做出有利于自己的选择。如辅佐越王勾践的范蠡,在功成之后,坚决辞去了官职,泛舟于五湖之上;张良则是在刘邦建立汉朝之后,深居简出,小心行事。因此,他们都能够得以善终。然而又有许多人意识不到这点,最后不得善终。如春秋时期的弥子瑕,在年轻貌美之时,受到卫灵公的宠爱,然而等到年老色衰之时,卫灵公便开始秋后算账,寻找他的各种不是,最终因此而获罪入狱。

一时的挫折总是难免的,要学会保存实力,做长远打算,"留得青山在,不怕没柴烧",要善于把握有利条件。人要开展自己的事业,就要选择有利于发展的地方。不要贪恋浅水滩头的安全,也不要这山望着那山高,否则的话终将一事无成。对于有利的条件不要轻易放弃,不利的条件要尽早脱离。

人要学会看开,懂得放下。如果一个人或者事物与你无缘,最后的结果肯定是离你而去。无论你如何去争取去努力,都是于事无补的,花开花落自有时,青春年华终究会流逝。不执着于任何心念,把一切都放开,得失泰然,宠辱不惊。

五十

忍一句,息一怒;饶一着,退一步[①]。

〔注释〕

①"忍一句"四句:唐代寒山、拾得《忍耐歌》:"忍一句,祸根从此无生处。饶一着,切莫与人争强弱。耐一时,火坑变作白莲池。退一步,便是人间修行路。""饶一着"二句,元代王德信散曲套数《商调·集贤宾·退隐》:"(梧叶儿)退一步乾坤大,饶一着万虑休。怕狼虎恶图谋,遇事休开口,逢人只点头。见香饵莫吞钩,高抄起经纶大手。"息,停止,停息。饶,让,宽恕。着(zhāo),下棋时走一步棋子、武术中的一个动作都可以称为着数。

〔译文〕

忍住少说一句话,就能够压住一次的愤怒;让别人一着,别人也会退上一步。

〔点评〕

"忍一时风平浪静,退一步海阔天空",做人要学会忍让。生活不是战场,无须分出胜负输赢。如清代康熙年间大学士张英《观家书一封只缘墙事聊有所寄》:"千里修书只为墙,让他三尺又何妨?万里长城今犹在,不见当年秦始皇。"本来家人与邻居为了争夺墙基而闹得不可开交,但是接到信之后,主动让出三尺宅基地。邻居自惭形秽,也主动相让三尺,最后这里成了六尺巷,即为当今安徽桐城的一处名胜古迹,这个化干戈为玉帛的故事流传至今。《世说新语·雅量》当中记载了当时名士的雅量,如裴遐到周馥处与人下棋喝酒,被周馥的司马拖拽到地上,他却神色不变,依旧下棋。后来王衍问他为什么如此镇定,他说只是暗中让着对方罢了。生活当中,我们不必因为一点小事而大动肝火,与人和平相处是一种手段,也是一种智慧。自己心情舒畅,他人如沐春风,人与人的关系自然就会和谐融洽。

五十一

三十不豪①,四十不富,五十将相寻死路②。

〔注释〕

①豪:豪放,豪迈。
②五十将相寻死路:有版本为"五十全仗子来助"或"五十将衰寻子助"。将相,将要。

〔译文〕

三十岁缺乏豪情壮志,四十岁时没有富裕,五十岁时就要面临死亡了。

〔点评〕

人应该在合适的时间做合适的事情,莫失其时。如柳青在《创业史》中所说:"人生的道路虽然漫长,但要紧处常常只有几步,特别是当人年轻的时候。没有一个人的生活道路是笔直的、没有岔道的。有些岔道口,譬如政治上的岔路口,事业上的岔路口,个人生活上的岔路口,你走错一步,可以影响人生的一个时期,也可以影响一生。"人生在不同的阶段有不同的特点,该做什么的时候就应该做什么,年少的时候应该好好读书,成年了就应该结婚生子,老了的时候就应该颐养天年。孔子说:"三十而立,四十不惑,五十知天命。"不要错失生命之"时",错过的话难以补救。

五十二

生不认魂①,死不认尸。父母恩深终有别,夫妻义重也分离。人生似鸟同林宿,大限来时各自飞②。

[注释]

①魂:迷信的人指可以离开人体独立存在的精神。
②"父母恩深终有别"四句:宋元戏文《张协状元》:"(旦白)谢荷公婆妾且归,(净)明朝依旧守孤帏。夫妻本是同林鸟,大限来时各自飞。"元代无名氏杂剧《冯玉兰夜月泣江舟》第二折:"夫妻本是同林鸟,大限来时各自飞。"深,感情好。别,别离,分开。义,情谊,人与人相互关爱、帮助的感情。人生,人的生存和生活。大限,生命的极限,指死期。

[译文]

人活着的时候,不认识自己的魂魄;死了以后,也不认识自己的尸首。父母的恩情再深终究有分别的时候,夫妻的情义再重也有分离的时候。人生就像鸟儿一样,栖息在同一片林子里,等到死期来临时,就会各自飞走了。

〔点评〕

　　死亡是万事万物必然的结局。同时死亡也是令人恐惧而绝望的,它可以摧毁世间的一切,包括父母恩情、夫妻感情、人与人之间的友情等等,等到死神降临时,霎时灰飞烟灭,不复存在。人死之后,万事皆空。如苏轼在《和子由渑池怀旧》中所言:"人生到处知何似?应似飞鸿踏雪泥。泥上偶然留指爪,鸿飞那复计东西。"人的一生中充满了偶然,仿佛雪泥鸿爪,在雪地上留下那几个浅浅的脚印又能如何呢?我们能做的就是好好把握当下。生命之中有诸多的无奈,死亡是万事万物的必然结局,与其整日忧心忡忡,不如更加珍惜活着的日子,珍爱身边的亲朋好友,过好每一天。

五十三

　　人善被人欺[1],马善被人骑。人无横财不富,马无夜草不肥[2]。人恶人怕天不怕,人善人欺天不欺[3]。善恶到头终有报,只争来早与来迟[4]。黄河尚有澄清日,岂可人无得运时[5]。

〔注释〕

①善:善良,软弱。

②"人无横财不富"二句:元代张国宾《全元曲·相国寺公孙合汗衫》第三折:"人无横财不富,马无夜草不肥。我陈虎只因看上了李玉娥,将他丈夫撺在河里淹死了。那李玉娥要守了三年孝满,方肯随顺我。"横财,指非法或侥幸获得的钱财。夜草,夜间吃草。

③"人恶人怕天不怕"二句:宋元戏文《张协状元》第三十三出:"人善人欺天不欺,人恶人怕天不怕。"

④"善恶到头终有报"二句:《全唐诗续拾》令超《垂训诗》:"行藏虚实自家知,祸福因由更问谁。善恶到头终有报,只争来早与来迟。闲中检点平生事,静坐思量日所为。常把一心行正道,自然天地不相亏。"元代高明《琵琶记》第二十七出《感格坟成》:"善恶到头终有报,只争来速与来迟。"《武王伐纣平话》:"休将方寸昧神祇,祸福还同似影随。善恶到头终有报,只争来速与来迟。"明代冯梦龙《醒世恒言》卷二十:"善恶到头终有报,只争来早与来迟。劝君莫把欺心传,湛湛青天不可欺。"报,因果报应,佛教指种善因得善果,种恶因得恶果。争,相差。

⑤"黄河尚有澄清日"二句:《左传·襄公八年》:"俟河之清,人寿几何?"三国魏李康《运命论》:"夫黄河清而圣人生,里社鸣而圣人出。"宋元戏文《张协状元》:"几番焦躁,命直不好,埋冤知是几宵。受千般愁闷,万种寂寥,虚度奴年少。每甘分粗衣布裙,寻思另般格调。若要奴家好,遇得一个意中人,共作结发,夫妻偕老。(白)古庙荒芜怕见归,几番独自泪双垂。黄河尚有澄清日,岂可人无得运时。"元代柯丹邱戏文《荆钗记》第十三出《遣仆》:"不忍他家受惨凄,恩东惜树更连枝。黄河尚有澄清日,岂可人无得运时。"尚,尚且。澄清,清澈,清亮。岂可,怎么可以。得运,走

运,运气好。

[译文]

人太善良,往往就会被别人欺负;马太温驯,往往就会被人任意驾骑。人没有意外之财,就不能暴富;马不在夜里吃草,就不会长得膘肥体壮。凶恶的人,有人怕他,但是天不怕他;善良的人,有人欺负他,但是天不欺负他。无论是行善还是作恶,到头来都会得到应有的报应,只是在于时间的早晚而已。黄河里的水尚且有澄清的时候,人怎么会没有时来运转的那一天呢。

[点评]

善恶有报。首先,做人不能太善良,善良应该有一定的底线。美国思想家爱默生曾说过:"你的善良,必须有点儿锋芒,否则就等于零。"一个善良的人,待人应该有底线。否则就是纵容他人来伤害自己。善良本身没有错,但是要看对象是谁。对于那些自私自利的人,不可一味忍让纵容。其次,善良的人受了欺负,千万不要因委屈而心灰意冷,因为"善恶到头终有报""善有善报,恶有恶报""人善人欺天不欺"。当然,做人还是应该心存善良的,心地善良的人,与人为善,以诚待人,在任何时代和社会都是受欢迎的。再次,取得钱财要合理、合法,古人就有"君子爱财,取之有道",这样得来的钱财花起来才干净、用起来才安心。

"跳进黄河也洗不清",说的是黄河水就像泥汤一样,跳进去了也洗不干净。尽管想让黄河变混浊为清澈并非一件易事，但黄河总归还是有变清的时候。人的"时运"也一样，总有走好运的时候。每个人的一生都会有几次大的机遇，关键看如何去把握。善于把握机遇，就可以"时来运转"；不善于把握机遇，就可能痛失良机。把握机遇的关键，其实就是知识的积累和思维方式的灵活多变。爱因斯坦说过"机遇只偏爱有准备的头脑"，聪明的人在踏踏实实从事手头工作的时候，还会注意捕捉成功的时机，一旦时机成熟就顺应形势或潮流，促成自己的事业更上一层楼。

五十四

得宠思辱，居安思危①。念念有如临敌日②，心心常似过桥时③。英雄行险道，富贵似花枝④。人情莫道春光好，只怕秋来有冷时⑤。

〔注释〕

①"得宠思辱"二句：元代南戏《白兔记》第二十四出《见儿》："古人有言：'得宠思辱，居安虑危。'刘智远自赘岳府，朝朝寒食，夜夜元宵，竟不知恩妻李三娘信息如何？""居安思危"，《左传·襄公十一年》："居安思危，思则有备，有备无患。"宠，受到偏爱。辱，遭受凌辱。居，处在某个位置。安，平安。

②念念:时时思虑。

③心心:每时每刻的心理。

④"英雄行险道"二句:宋代戴复古《赠郭道人》:"灭性能安乐,深居绝是非。英雄行险道,富贵隐危机。"花枝,开满花的枝条,比喻好看但不长久。

⑤人情:指人的欲望、意愿。春光:春天的景色。

〔译文〕

得宠的时候,应该考虑到可能遭受耻辱的时候;处在平安无事的时候,要想到以后可能发生危险的时候。思想上要像如临大敌一样时刻保持警惕,心理上永远像过独木桥一样小心谨慎。英雄豪杰所走的是充满艰险的道路,荣华富贵就如同花枝一样不会长久。不要说人情总像春天的景色那般美好,只怕是也有像秋天那样凄凉冷清的时候。

〔点评〕

"祸兮,福之所倚;福兮,祸之所伏",我国古代朴素的哲学理论告诉我们,事物都有它的两面性,利弊都在其中。我们从马克思主义哲学中也可以知道同样的道理,凡事要一分为二地看待。世事处在不断变化之中,人不能沉湎于当下的安乐,宠辱、安危、好坏等都是矛盾的双方,在一定的条件下可以相互转化。而且这种转化只是刹那间的事,所以要时刻保持警惕之心,"念念有如临敌日,心心常似过桥时",唯有如此,才能远离危险,确保平安。

英雄豪杰所走的是充满艰险的道路,荣华富贵就如同鲜花一样不会长久。孟子曾经说过:"天将降大任于是人也,必先苦其心志,劳其筋骨,饿其体肤,空乏其身,行拂乱其所为,所以动心忍性,增益其所不能。"可以说苦难是一笔财富,在磨难面前,有的人变得更加坚强、成熟和稳重,成为受人敬佩的英雄人物。然而"打江山容易,守江山难"。在安逸的环境中英雄人物应该更加小心谨慎,不要迷失自己,而逐渐走上腐败蜕化的不归路。

人情自有冷暖。好的关系就像春天的阳光一样,不好的关系就像冬天的冰霜一样。人与人之间的关系是双方面的,需要共同维护。白居易《迁叟》诗:"冷暖俗情谙世路,是非闲论任交亲。"白居易被贬之后,体会到了人情冷暖,世态炎凉。但是,这也让他明白是非恩怨使人熟悉人间世道;与人交往,感到贴心、温暖,就足够了,把那些闲言碎语、无端议论放到一边,人与人坦诚以待,才能创造美好的社会生活。

五十五

送君千里,终须一别①。

〔**注释**〕

①"送君千里"二句:元代徐田臣《杀狗记》第二十七出《见狗惊心》:"送君千里,终须一别。"

〔译文〕

朋友送得再远,最后还是得分别。

〔点评〕

世间有聚就有散,聚的时候,固然是欢乐的,可离别的时候,总是让人感伤。欧阳修《浪淘沙·把酒祝东风》:"聚散苦匆匆,此恨无穷。"欢聚和离散都是如此匆促,心中的遗憾无穷无尽,这是一种人生的常态。其实人生总是在团聚和分别中度过,朋友之间的相聚别离,几乎每天都在经历。只要友谊长存,总会有再见面的时候。"悲莫悲兮生别离",尤其是在古代,通讯和交通不发达,只能通过书信来传递信息。从前路途遥远,车马慢,时空的阻隔让离别变得更为感伤,但是也要学会释然,离别是为了下一次更好地相聚,正因为有了"离别",相聚才会更加珍贵。

五十六

但将冷眼观螃蟹,看你横行到几时①。见事莫说,问事不知。闲事莫管,无事早归②。假饶染就真红色,也被旁人说是非③。善事可作④,恶事莫为⑤。许人一物,千金不移⑥。

〔注释〕

①"但将冷眼观螃蟹"二句：元代杨显之《潇湘雨》："正是：'常将冷眼看螃蟹，看你横行到几时？'"但将，只用。冷眼，冷漠或轻蔑的眼光。

②"见事莫说"四句：南宋胡仔《苕溪渔隐丛话》："世间俚语往往极有理者，如云'闻事莫说，问事不知，闲事莫管，无事早归'。若能践此言，岂有不省事乎？又云'少吃不济事，多吃济甚事？有事坏了事，无事生出事'。若能守此戒，岂复为酒困乎？"莫，不要。闲事，与自己没有关系的事。

③"假饶染就真红色"二句：元代高明《琵琶记》："雪隐鹭鸶飞始见，柳藏鹦鹉语方知。（生）假饶染就绀红色，也被旁人说是非。"假饶，即使，一作"假缎"。染就，染成。是非，因说话而引起的误会或纠纷。

④善事：好的事情。

⑤恶事：邪恶的行为或事情。

⑥"许人一物"二句：《资治通鉴·唐纪》："丈夫一言许人，千金不易。"元代同恕《榘菴集》："民之被其惠利者，久而后益，知其不可复得也。轻财重义，一诺之许，千金不移。"许，答应，承诺。移，改变。

〔译文〕

用冷静的态度来看螃蟹爬行，看它究竟能横行霸道到何时。看见事情什么也不要说，别人来问就说不知道。遇到闲事不要去管，没事办就早点回家。假的绸缎即使染上真正的红色，也会被人说三道四。好事可以做，坏事千万不能做。答应送给别人的东西，即使有人以千金相换也绝不能改变初衷。

〔点评〕

大家都知道螃蟹是横着走的，人要是横着走则代表他蛮横无理、仗势欺人。人们对这种横行霸道的人充满了愤怒和痛恨。当恶势力横行霸道之时,如果还没有力量去打击,就把愤怒埋藏在心底,静候他们咎由自取。要坚信邪不胜正,恶人迟早会受到惩罚,静观其变就好。比如明朝的大太监刘瑾,由于得到朱厚照的宠信,欺上瞒下,无恶不作,最终落得个抄家落狱的下场。

做人明哲保身没有错。看见事情什么也不要说,别人来问就说不知道。遇到闲事不要去管,没事办就早点回家。这样可以少惹一些麻烦上身。不惹是非,固然有一定的道理,但是也容易造成人际关系的冷漠。

假的真不了,真的假不了。假的就是假的,即使再伪装,也逃不过世人的双眼。三国时候的隐蕃,逃到东吴,巧言令色,孙权被他的夸夸其谈打动,于是派他到刑部任职。但是后来,隐蕃却作乱东吴被处决。这样的人即使开始迷惑了人们,终究逃不过时间的考验,早晚都会暴露的。

劝善惩恶的观念,是我国古代一以贯之的教化之道。《周易·文言传》:"积善之家,必有余庆;积不善之家,必有余殃。"意思是积德积善的人家,会把福泽留给子孙后代;而那些坏事做尽的人家,只能把灾殃留给后代。北宋末年《太上感应篇》:"诸恶莫作,众善奉行,久久必获吉庆。"也是在劝人不要作恶,要多做善事,长久下来终将获得福报。

做人一定要重信守诺,讲信用,不能见利忘义。答应送给别人的东西,即使有人以千金相换也绝不能改变。《论语·为政》:"人而无信,不知其可也。大车无輗,小车无軏,其何以行之哉?"遵守信用是立身处世之本,如果一个人不守信用,那么他在亲朋好友和同事之间将无法立足。不讲信用的人在小事上或许会侥幸占便宜,但是终究不会有什么大的发展。毕竟无论时代如何发展变化,人们还是喜欢与有诚信的人交往共事。如秦朝末年的季布,就是"一诺千金"的主角,由于诚信最终被刘邦免罪并封为郎中。

五十七

龙生龙子[1],虎生豹儿[2]。龙游浅水遭虾戏,虎落平洋被犬欺[3]。一举首登龙虎榜,十年身到凤凰池。十载寒窗无人问,一举成名天下知[4]。

〔**注释**〕

[1]龙生龙子:南唐禅宗史书《祖堂集·丹霞和尚》:"师曰:'大深远生!'侍者曰:'佛眼觑不见。'师曰:'龙生龙子,凤生凤子。'侍者举似国师,国师便打侍者。"

[2]虎生豹儿:老虎生下像豹子的孩子。豹,一作"虎"。

[3]"龙游浅水遭虾戏"二句:宋元戏文《张协状元》第三十六出:"龙逢浅水遭虾弄,凤入深林被雀欺。"明代冯梦龙《古今概谈》:"龙游浅水遭虾戏,虎落平阳被犬欺。"平洋,地势平坦之处。一作"平阳"。

[4]"一举首登龙虎榜"四句:关汉卿杂剧《包待制三勘蝴蝶梦·楔子》:

"(王大云)父亲、母亲在上,做农庄生活有甚好处?您孩儿'一举首登龙虎榜,十年身到凤凰池'。(孛老同旦云)好儿,好儿!(王二云)父亲、母亲,你孩儿'十年窗下无人问,一举成名天下知'。(孛老同旦云)好儿,好儿!"元代高明《琵琶记》第四出《蔡公逼试》:"你为甚在十年窗下无人问?只图个一举成名天下知。""一举首登龙虎榜"二句,《梦溪笔谈·讥谑》:"张唐卿进士第一人及第,期集于兴国寺,题壁云:'一举首登龙虎榜,十年身到凤凰池。'有人续其下云:'君看姚晔并梁固,不得朝官未可知。'后果终于京官。"龙虎榜,指同一时期的社会知名人士同登一榜。此指朝廷公布的科举录取名单。《新唐书·欧阳詹传》:"举进士,与韩愈、李观、李绛、崔群、王涯、冯宿、庾承宣联第,皆天下选,时称'龙虎榜'。"凤凰池,本是皇宫禁苑中的池沼。魏晋时期,称中书省为"凤凰池"。到唐代,宰相称同中书门下平章事,故多以"凤凰池"指宰相职位。后世常把"龙虎榜"与"凤凰池"并举。"十载寒窗无人问"二句,宋代洪迈《夷坚志·汪八解元》:"德兴汪远之,行第八,赴省试。其兄及之在家,梦一驺步至,立于廷曰:'十年勤苦无人问,一日成名天下知。八解元过省,喏喏。'后三日,报榜人来,大呼前三句,及连唱喏,与梦中不少差。夫以一走卒唱喏,亦先见于梦,岂得谓之不前定乎!"金代刘祈《归潜志》卷七:"金行科举,故当时有云:'古人谓十年窗下无人问,一举成名天下知。'"一举,一下子。寒窗,冬日寒冷的窗前,比喻艰苦的学习环境。

〔译文〕

　　龙生的是小龙,虎生的是虎崽。龙如果游到浅水中,会遭到小虾的戏弄;老虎如果到了平坦的地方,就会被狗欺负。参加科举考试一旦榜上有名,十年之后就可以进出皇宫禁苑。十载寒窗苦读无人问津,一旦榜上有名,天下的人都会知道。

〔点评〕

"龙生龙,凤生凤,老鼠生来会打洞。"典型的遗传决定论,片面强调了遗传的决定作用。其实在没有外部因素的影响下,物种基本特性仍然是沿袭过去既定的客观规律而发展,不会发生任何改变。生物的遗传是具有先天性的一种自然规律。其实,遗传包括生理上和精神上的,所谓"老子英雄儿好汉"也是此意。

在失利的环境当中,一个人即使有千般本事也施展不出来。强者虽然强大,但要想真正发挥作用,还需要依靠外部条件,一旦失去了这些有利的外部条件,就有可能被弱小者欺负。就如同龙如果游到浅水中,就会遭到小虾的戏弄;老虎如果到了平坦的地方,就会被狗欺负。同样,有权势的人一旦失去权势,就会十分落魄,其境遇甚至连普通百姓都不如,"落魄的凤凰不如鸡",说的就是这个意思。《倚天屠龙记》中的赵敏在做郡主时风光无限,前呼后拥,后来离家出走备受欺负。

"学而优则仕",中国古代将读书、科举和做官联系起来。因此金榜题名,名扬天下,便成为当时读书人的最大动力。五代王定保《唐摭言·今年及第明年登科》:"何扶,太和九年及第;明年,捷三篇,因以一绝寄旧同年曰:'金榜题名墨上新,今年依旧去年春。花间每被红妆问:何事重来只一人?'"刻苦读书,通过科举考试而获取功名,一旦成功便会登上"龙虎榜",有身居"凤凰池"的机会,这样就可以光耀门楣,扬眉吐气了。金榜题名是需要勤学苦读才能成功,一旦成功受益是巨大的。难怪范进中举之后会高兴得发疯。当然也有人一辈子与功名无缘,只能郁郁寡欢,感叹怀才不遇。虽然这几句都是宣扬读书做官的名利思想,但是其中劝人向学,激励人勤学苦读的思想,还是值得提倡的。

五十八

酒债寻常行处有,人生七十古来稀①。养儿防老,积谷防饥②。鸡豚狗彘之畜,无失其时。数口之家,可以无饥矣③。常将有日思无日,莫把无时当有时④。

〔注释〕

①"酒债寻常行处有"二句:杜甫《曲江二首》第二首:"朝回日日典春衣,每日江头尽醉归。酒债寻常行处有,人生七十古来稀。穿花蛱蝶深深见,点水蜻蜓款款飞。传语风光共流转,暂时相赏莫相违。"后"古稀"成为七十岁的代名词。寻常,平常。行处,处处,随处。人生,人的一生。

②"养儿防老"二句:《全唐文补编·辩才家教序》:"栽树防热,筑堤防水。积行防衰,积谷防饥。勤读诗书,自然知足。"宋代陈元靓《事林广韶》:"养儿防老,积谷防饥。"《警世通言·宋小官团圆破毡笠》:"养儿待老,积谷防饥。"积谷,储备粮食。

③"鸡豚狗彘之畜"四句:《孟子·梁惠王上》:"五亩之宅,树之以桑,五十者可以衣帛矣。鸡豚狗彘之畜,无失其时,七十者可以食肉矣。百亩

之田,勿夺其时,数口之家可以无饥矣。"豚(tún),小猪。彘(zhì),猪。失其时,指错过繁殖的时期。

④"常将有日思无日"二句:元代徐田臣《杀狗记》第六出《乔人行谮》:"常将有日思无日,莫待无时思有时。"《警世通言·桂员外途穷忏悔》:"常将有日思无日,莫待无时思有时。"将,把。有,指有财物。莫,不要。

〔译文〕

喝酒欠债是平常的事,随处可见;但人能活到七十岁的,自古以来却很少。养育儿女是为了老有所依,积储粮食是为了防备饥荒。不要错过鸡、猪、狗等家畜繁殖的时机,几口人的家庭就不会挨饿。生活好了的时候,要常想想以前贫困时候的日子;生活贫困的时候,不要像富裕时那样铺张浪费。

〔点评〕

人生苦短,应当及时行乐。由于医疗条件和生活水平等所限,古代人的寿命并不长,能够活到七十岁的很少见。大诗人杜甫在人生失意、年龄渐长之时整天与酒为伴,还常典当春衣为生。既然生命短暂,那就应当及时行乐。

生活要有一定的计划性,不可能随心随意,做事情要深谋远虑,比如生儿育女,是为了在自己年老的时候有人照顾;储备粮食,是为了防备灾荒;饲养家畜,不要错失它们繁殖的时间;有钱的时候要常常想想没钱的时候,没钱的时候更要勤俭节约。古人"居安思危"的忧患意识是非常值得今人学习的,日常生活要有长远打算,这样才能够细水长流。

五十九

时来风送滕王阁,运去雷轰荐福碑[1]。入门休问荣枯事,且看容颜便得知[2]。官清书吏瘦,神灵庙主肥[3]。

〔注释〕

[1]"时来风送滕王阁"二句:元代张可久散曲《中吕·卖花声·客况三首》其二:"十年落魄江滨客,几度雷轰荐福碑。"《醒世恒言·马当神风送滕王阁》:"运去雷轰荐福碑,时来风送滕王阁。""雷轰荐福碑",宋代释惠洪《冷斋夜话》:"范文正公镇鄱阳,有书生献诗甚工,文正礼之。书生自言:'天下之至寒饿者,无在某右。'时盛行欧阳率更书,荐福寺碑墨本直千钱。文正为具纸墨,打千本,使售于京师。纸墨已具,一夕,雷击碎其碑。故时人为之语曰:'有客打碑来荐福,无人骑鹤上扬州。'东坡作穷措大诗曰:'一夕雷轰荐福碑。'"后用"雷轰荐福碑"作为命运多舛的典故。滕王阁,位于江西省南昌市,始建于初唐,贞观十三年唐太宗之弟李元婴受封为滕王,他在洪州都督任内营造此阁,并以其封号命名。与黄鹤楼、岳阳楼并称为江南三大名楼,历代才人多曾于此吟赏放歌。如咸淳三年刺史阎伯屿重修,定于九月九日宴宾客于阁。九月八日晚,王勃省亲,船泊于马当,距洪州(南昌)七百里。是夜水神报梦助风,使其于九日晨抵阁赴宴,并作了著名的《滕王阁序》,得以扬名天下。唐荐福碑,江西鄱阳县荐福寺碑,李北海撰文,欧阳询书。运,运气,命运。

[2]"入门休问荣枯事"二句:宋元戏文《张协状元》第三十二出:"入门

休问荣枯事,观看容颜便得知。"元代柯丹邱《荆钗记》二十三出《觅真》:"入门不问荣枯事,观察容颜便得知。"《水浒传》第二十四回:"入门休问荣枯事,观看容颜便得知。"荣枯,兴盛与衰落。容颜,人的容貌与气色。

③"官清书吏瘦"二句:元代刘唐卿戏文《白兔记》第四出《祭赛》:"官清公吏瘦,神灵庙祝肥。"清,清廉。书吏,各官署吏员的总称,古代官与吏是分开的,吏属于雇员,是衙门的具体办事人员,他们常凭借着对公文、档案的垄断与控制,营私舞弊,成为一大弊政。这里指管文书工作的小官,一作"司吏"。庙祝,寺庙里管香火的人。

〔译文〕

运气好的时候,就像风送王勃到滕王阁一样;运气不好的时候,就像雷电击毁荐福碑一样。进入别人家门时不必问日子过得如何,只要看看他的气色也就知道了。长官清廉的话,他的下属就长得消瘦;神仙灵验的话,看管香火的人就会长得肥胖。

〔点评〕

自古以来,人们就喜欢谈论运气,比如"时来运转""福星高照""财运亨通"等等。其实,时气、命运或运气就是各种各样的条件。比如王勃因参加阎伯屿的雅集,写下了《滕王阁序》这样不朽的篇章,因此而名垂千古。其实王勃能够挥毫泼墨,一方面是受到家庭的熏陶,自小就熟读各种典籍,一方面是平时勤学的结果。

"世事洞明皆学问",人际交往中,要学会察言观色。《逸周书·官人》认为:"民有五气:喜、怒、欲、惧、忧。喜气内蓄,虽欲隐之,阳喜必见;怒气内蓄,虽欲隐之,阳怒必见;欲气、惧气、忧悲之气皆隐之,阳气必见。五气诚于中,发形于外,民情不可隐也。"人是情感动物,喜怒哀乐形于色,有了喜事自然会春风得意,日子好了便会喜上眉梢;日子不顺,则愁眉苦脸。人际交往中要懂得察言观色,这是情商高的表现。如果一个人不懂得看人颜色,在与人相处之时就会非常被动。有时候甚至会触碰他人不愉快的地方,招致对方的厌恶甚至是记恨。

相关事物之间具有一定的联系,长官清廉,下属就不敢贪赃枉法,神仙灵验,看管香火的人就长得肥胖。古往今来,人们对清官崇尚,对赃官则是痛恨的。魏徵、包拯、海瑞等人为官清正廉洁,心系百姓,为后人所敬仰。汉代桓宽《盐铁论·疾贫》:"欲影正者端其表,欲下廉者先之身。"领导具有榜样示范的作用,如果此人为官清正廉洁,那么他的下属就不敢贪赃枉法;相反,上梁不正下梁歪,下属也会跟着长官一样。所以,看待事物,不要就事论事,要多方面且立体地来分析事物之间的关系。

六十

息却雷霆之怒,罢却虎狼之威①。饶人算之本②,输人算之机③。好言难得,恶语易施④。一言既出,驷马难追⑤。

〔注释〕

①"息却雷霆之怒"二句:《三国志·吴志·陆逊传》:"今不忍小忿,而发雷霆之怒,违垂堂之戒,轻万乘之重,此臣之所惑也。"元代纪君祥杂剧《冤报冤赵氏孤儿》第三折:"告元帅暂息雷霆之怒,略罢虎狼之威。"息,停息。却,消除,除去。罢,停止。

②饶人:宽恕别人。算:胜算。本:根本。

③输人:输给别人,不争强好胜。机:关键,有重要关系的环节。

④施:施行,说出。

⑤"一言既出"二句:《论语·颜渊》:"驷不及舌。"春秋时邓析子《转辞》:"一声而非,驷马勿追;一言而急,驷马不及。"《说苑·谈丛》:"口者,关也;舌者,机也。出言不当,驷马不能追。""一言而非,驷马不能追;一言不急,驷马不能及。"宋代欧阳修《笔说·驷不及舌说》:"俗云:'一言出口,驷马难追',《论语》所谓'驷不及舌'也。"元代李寿卿杂剧《伍员吹箫》第三折:"大丈夫一言既出,驷马难追。岂有反悔之理。"驷马,同拉一辆车的四匹马。

〔译文〕

平息像雷霆一样的怒火,放下如虎狼一般的威风。能够宽恕别人是处事胜算的根本,承认不如别人是处事成功的关键。对人有益的话很难听到,伤人的话却很容易说出口。一句话说出口,四匹马拉的车也追赶不回来。

〔点评〕

做人要宽容,遇事要冷静。有的人遇到不如意的事情,就会怒火中烧；有的人得了点权势，就会耀武扬威，仗势欺人。其实发怒和发威都不是解决问题的最佳方法，有时候不但无益于解决问题，甚至还会把事情搞砸了。人在愤怒的情况下，会失去理智，口不择言，会干出各种蠢事。而且一个人易怒，一方面不利于自己的身体健康，另一方面也会给他人留下不好的印象。

要懂得宽恕别人，不争强好胜。饶人和输人也是一种处事的智慧。有的时候表面上看是输了，其实会从中获得更大的利益。过去常说"得理不让人"，一旦过了界，反而坏事。得饶人处且饶人，得理也应让人。饶人，一方面说明你宽宏大量，另一方面则可以感化人和教育人。如宋代释惠洪《冷斋夜话》记载：石曼卿马惊摔倒，他不但没有冲着随从发火，反而开玩笑化解了尴尬。生活不易，与人方便，亦是于己方便。

说话是一门艺术，与人相处要注意说话谨慎，讲究信用。"良言一句三冬暖，恶语伤人六月寒"，良言暖人，恶语伤人，说出去的话犹如泼出去的水，无法收回。世间没有后悔药，说话之前一定要三思。同时也要言出必行，恪守诺言，这都是与人交往时必须具备的道德准则。《韩非子·外储说左上》记载了曾子杀猪的故事，曾子的妻子因为孩子在集市哭闹，便许诺孩子等到回家之后便杀猪吃肉，于是曾子回家就把猪杀了。曾子用自己的实际行动来教育孩子要言而有信，诚实待人。虽然从眼前来看损失了一头猪，但是从长远利益来看的话，这种做法对教育子女是大有好处的。

六十一

　　道吾好者是吾贼,道吾恶者是吾师①。路逢险处须当避,不是才人莫献诗②。三人同行,必有我师焉;择其善者而从之,其不善者而改之③。少壮不努力,老大徒伤悲④。人有善愿,天必佑之⑤。

[注释]

　　①"道吾好者是吾贼"二句:《庄子·盗跖》:"好面誉人者,亦好背而毁之。"《荀子·修身》:"故非我而当者,吾师也;是我而当者,吾友也;谄谀我者,吾贼也。"《明心宝鉴·正己篇》:"道吾善者是吾贼,道吾恶者是吾师。"道,说。吾,我。贼,害人的人。

　　②"路逢险处须当避"二句:宋代释道宁《偈六十九首》之一:"路逢剑客须呈剑,不是诗人莫献诗。"路逢险处须当避,一作"路逢侠客须呈剑"。才人,有才华的人。

　　③"三人同行"四句:《论语·述而》:"三人行,必有我师焉;择其善者而从之,其不善者而改之。"善者,好的方面。

　　④"少壮不努力"二句:汉乐府民歌《长歌行》:"青青园中葵,朝露待日晞。阳春布德泽,万物生光辉。常恐秋节至,焜黄华叶衰。百川东到海,何时复西归?少壮不努力,老大徒伤悲。"少壮,指年轻的时候。徒,只,仅仅。

　　⑤"人有善愿"二句:唐代释道世《法苑珠林》:"故经云:'人有善愿,

天必从之。'斯言验之。"佑，指天、神等的佑助。

〔译文〕

说我好话的人其实都是害我的人，敢于说我缺点的人都是我的老师。路上遇到危险应当躲避，不要把诗献给没有才学的人。几个人一起走路，其中一定有值得我学习的老师；选取他们身上的长处来学习，那些不好的地方则加以改正。年轻的时候不努力学习，年老的时候就只能独自悲伤后悔了。如果一个人拥有善良的愿望，上天也会保佑他。

〔点评〕

生活在现实世界中，对于人和事，要学会透过现象看本质。对那些当面说好话、背地里诽谤人、两面三刀的人，一定要加以警惕。《庄子·盗跖》："好面誉人者，亦好背而毁之。"有些喜欢当面赞誉人的人，同样也喜欢背后诽谤人。而那些敢于直言相谏，当面对你进行批评的人，却往往能够胸怀坦荡、以诚相待。

"闻善言则辨，告有过则喜""开敢谏之路，纳逆己之言"等谚语格言，都是在告诫人们要多听批评的意见，少听阿谀奉承的言语。一个人如果听惯了太多表扬的话，往往就会飘飘然，自以为是，不求进步，长此以往，最后吃亏的只能是自己。尽管批评的话难听，但是如果正确的批评，会让人看到自己的不足之处，更加清楚地认识自己。

"君子不立于危墙之下"，遇到危险就躲避，这是人之常情。

孟子曰:"莫非命也,顺受其正,是故知命者不立乎岩墙之下。尽其道而死者,正命也;桎梏死者,非正命也。"与对的人做对的事,"诗向会人吟""剑赠于烈士,红粉送于佳人"等。

每个人身上或多或少都会有一定的长处,这些长处便是值得他人学习的地方。只有虚心向别人学习的人,才不会故步自封,自以为是。虚心学习既是一种学习态度,也是一种学习方法。一个人的知识、经验和能力都是有限的,只有不断学习,才能丰富自己的知识,才能跟上时代前进的步伐。

一个人如果年轻的时候不努力学习,那么年老的时候就只能独自悲伤后悔了。"少壮不努力,老大徒伤悲"出自汉乐府民歌《长歌行》:"百川东到海,何时复西归?少壮不努力,老大徒伤悲。"江河向东涌入大海,什么时候向西流过呢?人生也是如此,从小到老。因此,如果年少的时候不奋发努力,那么到老的时候也只能空自悲叹了。

《老子》:"天道无亲,常与善人。"上天不分亲疏远近,对众生都一视同仁,但上天总是在暗中帮助并保佑那些善良的人。佛语曰:"善有善报,恶有恶报,不是不报,时候未到。"一个人如果有善心,充满正能量,那么他就能够吸引更多善良的人,在帮助他人的时候其实也是在成全自己。可见,吸引力法则在一定程度上是很有道理的。

六十二

莫饮卯时酒①,昏昏醉到酉。莫骂酉时妻②,一夜受孤凄。

〔注释〕

①卯(mǎo)时:日出,又名日始、破晓、旭日等。指太阳刚刚露脸,冉冉初升的那段时间,上午5点—7点。为古时官署开始办公的时间,故又称点卯。因为此时正值朝暾冉冉东升,故又谓之日出。中国古时把一天划分为十二个时辰,每个时辰等于现在的两小时。十二时辰制。西周时就已使用。汉代命名为夜半、鸡鸣、平旦、日出、食时、隅中、日中、日昳、晡时、日入、黄昏、人定。又用十二地支来表示,以23点至1点为子时,1点至3点为丑时,3至5点为寅时,依次递推。

②酉(yǒu)时:相当于现在的17点—19点,此处指晚上。

〔译文〕

不要在早晨喝醉酒,否则一天到晚都昏昏沉沉的。不要在晚上骂妻子,否则一夜都会孤孤单单无人理会。

〔点评〕

无论做什么事情都要找到合适的时机,否则会深受其害。可见做事情要"得时"。"一年之计在于春,一日之计在于晨。"

大清早就喝醉酒,一天都昏昏沉沉的,什么都做不好。适当饮酒,对身体是有益处的。但饮酒要分讲究时间、地点,同时还要有所节制。

夫妻之间相处,应该相敬如宾。双方有了矛盾,就应该心平气和地交谈,多做自我批评,不要一味地只是责怪对方。至于那种动不动就打骂妻子的男子,就更不对了。夫妻间的感情是需要用爱心培育的,任何伤害对方的言行,都会给夫妻间的感情留下难以愈合的伤痕。只有不识时务的人,才会在不恰当的时间做不恰当的事情。如东汉的孔融恃才放旷,因不满曹操,经常出言挖苦讽刺,被曹操随意找了个借口满门抄斩。《汉纪》中把孔融的这种行为归结为"不识时务"。其实,历史上还是有很多把握时机,最后取得成功的人和故事。如越王勾践抓住回国的机会,富国强兵,最终灭了吴国,报仇雪恨;毛遂抓住秦国进攻赵国的机会,主动自荐随平原君前往楚国求援,并成功说服楚王缔结盟约,顺利解除了赵国之围,后来被平原君视为上客。

六十三

种麻得麻,种豆得豆①。天网恢恢,疏而不漏②。见官莫向前,做客莫向后。宁添一斗,莫添一口③。螳螂捕蝉,岂知黄雀在后④。不求金玉重重贵,但愿儿孙个个贤⑤。

〔注释〕

①"种麻得麻"二句：原为佛教用语，比喻因果报应关系。后比喻做什么样的事就会得到什么样的果。《涅槃经》："种瓜得瓜，种李得李。"麻，指麻的种子。麻是黄麻、大麻、亚麻等麻类植物的统称。

②"天网恢恢"二句：《道德经》第七十三章："天之道，不争而善胜，不言而善应，不召而自来，绰然而善谋。天网恢恢，疏而不失。"天网，上天布下的罗网，也特指国家的法律。恢恢，形容非常广大。疏，松散。

③"宁添一斗"二句：元代刘唐卿戏文《白兔记》第二出《访友》："宁可添一斗，怎禁一口添？"斗，量粮食的器具，这里代指一斗粮。口，人口。

④"螳螂捕蝉"二句：《庄子·山木》："睹一蝉，方得美荫而忘其身，螳螂执翳而搏之，见得而忘其形；异鹊从而利之，见利而忘其真。"《说苑·正谏》："园中有树，其上有蝉，蝉高居悲鸣饮露，不知螳螂在其后也！螳螂委身曲附欲取蝉，而不知黄雀在其傍也！黄雀延颈欲啄螳螂，而不知弹丸在其下也！此三者皆务欲得其前利，而不顾其后之有患也。"又"睹一蝉，方得美荫而忘其身，螳螂执翳而搏之，见得而忘其形；异鹊从而利之，见利而忘其真。"汉代韩婴《韩诗外传》："螳螂方欲食蝉，而不知黄雀在后，举其颈欲啄而食之也。"岂，怎，哪里，表示反问。螳螂，昆虫，绿色或土黄色，有两对长翅，前腿镰刀状，捕食害虫。蝉，昆虫，种类很多，雄的腹部有发音器，可以持续不断地发声，俗称知了。

⑤"不求金玉重重贵"二句：元代柯丹邱戏文《荆钗记》第六出《议亲》："不求金玉贵，唯愿子孙贤。"贤，有德行，有才能。

〔译文〕

种下麻的种子，就会收获麻；种下豆的种子，就会收获豆。

天网广大没有边际,虽然网孔稀疏,但绝不会遗漏一点事物。见到当官的人不要着急地往前凑,到别人家做客的时候也不要往后退缩。宁可多添一斗粮食,也不要多添一口人。螳螂在捕捉蝉的时候,黄雀正在它后面。不求家中金玉满堂,只图子孙能够个个贤能。

〔点评〕

有什么样的因,就有什么样的果。俗话说"种瓜得瓜,种豆得豆",从生物遗传学上来讲,种下什么种子,最终就会收获什么果实。从因果关系上开讲,就是多做善事,就会有好的报应,作恶多端,就会受到法律的制裁和良心的谴责。人们常说"天网恢恢,疏而不漏",以此来告诫那些犯了罪的人,应该及早回头,投案自首。

为人处世要懂得把握分寸,进退得宜。要知道在什么场合做什么事情,如果在古代见到官员的时候,不要往前凑,因为官贵民轻,此时反而应该躲得远远的,否则一个不慎就会惹祸上身。所以对于官员,最好敬而远之。不过,当你去别人家里做客的时候,就要大大方方地上前,不要畏首畏尾,否则,主人也会觉得尴尬。

中国古代是以农业为主的自给自足的自然经济。在生产工具落后、生产力水平低下的时代,农民主要靠天吃饭。都企盼着有个好年景,多打点粮食。如果多一口人的话,就多一张吃饭的嘴。在这种情况下,贫穷人家不敢添人进口;自家的温饱尚且难以解决，如果突然间增加一个孩子，更是雪上加霜。同时，也反映了人们都喜欢收获，不喜欢付出的心理。

《庄子·山林》："螳螂捕蝉，黄雀在后。"一只螳螂准备吃一只知了；而黄雀则在后面准备吃螳螂。这个故事在汉代的典籍当中也多有记载，如刘向《说苑·正谏》、韩婴《韩诗外传》等，都意在说明做事情要注意周密考察，不要因为被眼前的利益所迷惑，而看不见其中所隐藏的祸患。世界上的事物是复杂多变的，同时也都存在着普遍的联系。做事情，要掌握全局，不能因为局部而忽视了全部，要充分考虑其中的利弊，并对事物的发展变化做出准确预判。

有远见的父母，都希望自己的孩子能够有一技之长，能够立足于社会，而不是希望自己能够拥有多少财富。我国古时候的家教观就十分重视后代子孙的德行和才能，如《三字经》："昔孟母，择邻处。子不学，断机杼。窦燕山，有义方。教五子，名俱扬。"《颜氏家训》当中也提倡子女应该自立，不要依靠父兄和家中的财产，否则有一天家中发生变故，便无法生存。

"积财千万，不如薄技在身。"积攒千万的财产，都不如有一技来傍身。如果子孙不成材，即使有万贯家财，转眼间就会被挥霍一空。如果子孙很贤能，那么振兴家业是早晚的事情。所以，把钱财和子孙贤能两者加以比较，子孙贤能无疑是更为重要的。负责任的父母，首先应教会儿女如何做人，教导他们学习一技之长，以便立足于社会。如清代《史典·愿体集》中写道："凡人坏品败名，钱财占了八分。"如果一个人道德品质败坏，大多数是因为贪图钱财的原因。所以,留给下一代最宝贵的"财富",不是为他们积攒下多少钱财,而是教会他们学会做人,良好的家教胜过万千财富。

六十四

一日夫妻,百世姻缘①。百世修来同船渡②,千世修来共枕眠。

〔注释〕

①百世:指很长的时间。按照古人的说法,一世等于三十年,这里的"百世"和下文的"千世",并不是实指。

②修来:有幸得到。

〔译文〕

能够结为一日夫妻,这是百世修来的缘分。百世修行,两个人才能获得同船渡水的缘分;千世修行,两个人才能获得同床共枕的缘分。

〔点评〕

我国古代对夫妻关系极为重视,如《周易·序卦传》中说:"有夫妇然后有父子,有父子然后有君臣,有君臣然后有上下,有上下然后礼义有所错。"夫妻关系是家庭关系的基础,也是整个社会的基础。只有夫妻关系和谐了,亲子关系、婆媳关系才能够更加和谐。这些由家庭关系体现出来的夫妇、父子、婆媳等关系又进一步成为社会的基础,如果没有这些关系的稳定,那么君臣、上下、礼义等社会秩序都无从谈起。夫妻之间,讲究的是个缘分,俗话说:"千里姻缘一线牵。"古人大都认为夫妻间的缘分是修来的,是前世注定的结果。既然成了夫妻,相互之间在珍惜这份感情的同时,千万要用心去培植、经营。鲁迅曾说过:"爱情必须时刻更新、生长、创造。"的确,双方需要交流、包容,否则夫妻之间的感情就会枯竭,容易出现裂痕。

六十五

杀人一万,自损三千[①]。伤人一语,利如刀割[②]。

〔注释〕

①"杀人一万"二句:《全宋文》夏贵《与伯颜书》:"谚云:杀人一万,自损三千。愿勿废国力,攻夺边城,若行在归附,边城焉往?"损,减少。《全宋词》葛长庚《瑞鹤仙》:"赋情多懒率。每醉后疏狂,醒来飘忽。无心恋簪绂。漫才高子建,韵欺王勃。胸中绝物。所容者、诗兵酒卒。一两时,调发将来,扫尽闷妖愁孽。莫说。杀人一万,自损三千,到底觥觥。悬河

口讷。非夙世,无灵骨。把湖山牌印,莺花权柄,牒过清风朗月。且束之,高阁休休,这回更不。"《元史·列传第四十一》:"杀人一万,自损三千。"

②"伤人一语"二句:《荀子·荣辱》:"与人善言,暖于布帛;伤人之言,深于矛戟。"《抱朴子·疾谬》:"伤人之语,有剑戟之痛。"

〔译文〕

杀死敌人一万,自己这方也要损失三千人。一句伤害人的话,就如同用锋利的刀割别人的心一样。

〔点评〕

力的作用是相互的,有作用力就有反作用力。因此当你伤害别人的时候,同样也会伤害到自己。就像两军打仗,杀死敌人一万人,自己也损失三千人。这个数字看起来虽然很划算,但是代价也是十分惨重的。同样的道理,恶语伤人,会让对方十分痛苦,也有可能给自己带来累累伤痕。因此注重口德,尤为必要。恶言不留耳,是我们每一个人应该具有的修养。应与人为善,不做害人事,不说伤人话。人与人之间有时难免有矛盾、有误解,不要因为一时的火气,不管不顾,图一时口舌之快,不想他人的感受和后果。

六十六

枯木逢春犹再发,人无两度再少年①。未晚先投宿,鸡鸣早看天②。

〔注释〕

①"枯木逢春犹再发"二句:宋代释道原《景德传灯录》卷二十三:"唐州大乘山和尚问:'枯树逢春时如何?'师曰:'世间稀有。'"元代岳伯川杂剧《吕洞宾度铁拐李岳》第一折:"花有重开日,人无再少年。休道黄金贵,安乐最值钱。"犹,还。再,两次。

②"未晚先投宿"二句:元代柯丹邱《荆钗记》第十五出《分别》:"你未晚先投宿,鸡鸣起看天。逢桥须下马,过渡莫争先。古来冤枉事,皆在路途间。"

〔译文〕

枯萎的树木,到了春天还能再度发芽;人却不能够拥有两次少年时光。趁着天没黑,就要先找旅店投宿;听到鸡叫了,就应该起来看看天气。

〔点评〕

草木可以历经四季,由黄变绿,由绿变黄,人的一生却不可逆行。青春易逝,一去不复返。这是一条不归路,只能不断地往前走,不可能重新来过。郭沫若曾说过:"青年是人类的春天。"青少年时期是每个人一生当中十分宝贵的阶段。古往今来,凡有所作为的人,大都在青少年时期就已崭露头角。如"初唐四杰"之一的王勃,十四岁便中了进士,写出了许多传诵至今的著名诗句。又如被称为"建安七子"之一的王粲,在十几岁时就显露出与众不同的文学才能。

《礼记·中庸》:"凡事豫则立,不豫则废。"做事之前有所准备成功的机率就大,没有准备就很可能要失败。古代因为交通工具不发达,出行不如现在便利,出外办事只能步行,条件好一点的可以乘坐牛车、马车。为了安全起见,便昼行夜宿。天未黑就得赶紧找地方住宿,以免天黑后没有地方过夜。而且古代也没有天气预报,所以只能在鸡叫时起床看看天气。这就是古人未雨绸缪思想的具体体现。总之,凡事提前做好准备,是有利无害的。

六十七

将相顶头堪走马[①],公侯肚里好撑船[②]。

〔注释〕

①顶头:头顶,也作"额头"。堪:可以,能够。走:跑。

②公侯肚里好撑船：明代杨柔胜《玉环记》第四出《考试诸儒》："（梨花儿）（丑扮试官末从上）风流试官宽肚皮，渴时吸尽三江水。多少鱼龙藏在里，到晚来肚里相争戏。（末）老爷为何只吃水。（丑）做得清只吃水。（末）怎么吃得这许多，（丑）宰相肚里好撑船。（末）难得三江水都吃在肚子里罢。（丑）不是三江水，怎养得这许多鱼龙。"

〔译文〕

将军宰相的头顶上可以跑马，公侯的肚里可以行船。

〔点评〕

做人应该宽宏大量。本则通过胸前走马、肚里撑船，来比喻身居高位之人要有宽广的胸怀。如清代林则徐有一副自勉联："海纳百川，有容乃大；壁立千仞，无欲则刚。"上句的意思是胸襟宽广得要像大海那样。一个人想成就一番事业，就必须有担当、有大的度量。如果为人心胸狭窄，就不会聚揽群贤，最终也成不了大器。又如《史记·高祖本纪》记载，刘邦建立汉朝后，曾经对手下的人说："运筹帷幄之中，决胜千里之外，我不如张良；安抚百姓，保障后勤，我不如萧何；战必胜，攻必取，我不如韩信。"刘邦虽然能力不足，但是他却因为度量大，能够让张良、韩信、萧何这三位人杰死心塌地辅佐自己，所以他最终才能够取得天下。而项羽，虽然有谋士范增却不任用，下属立下战功，本应该加封进爵，他却舍不得给人，反而把刻好的大印放在手里玩磨，以致失去了棱角，后来在垓下被十面埋伏，继而又四面楚歌，打了败仗，失了军心，最终乌江自刎。

六十八

富人思来年①,贫人思眼前。世上若要人情好,赊去物件莫取钱②。死生有命,富贵在天③。

〔注释〕

①思:思量,考虑。
②赊:赊欠。
③"死生有命"二句:《论语·颜渊》:"司马牛忧曰:'人皆有兄弟,我独亡!'子夏曰:'商闻之矣:死生有命,富贵在天。君子敬而无失,与人恭而有礼,四海之内,皆兄弟也。君子何患乎无兄弟也?'"

〔译文〕

富人可以思考来年的事情,穷人却只能考虑眼前的事情。在世上,要想人家说你好,赊给别人的东西就不要收钱。人的生死都是命里注定的,能不能富贵都是上天安排的。

〔点评〕

存在决定意识。富人因为衣食无忧,往往有长远的眼光,可以从容地考虑明年的安排;穷人因为受到生存所困,往往目光短浅,一心只想解决当下的温饱问题。当然,这种说法过于绝对,也有些富人没有长久打算,一心只知道挥霍无度;穷人也有见识远大的,他们发愤图强,靠着自己的努力最终摆脱了贫困。

想要赢得良好的人际关系,就必须懂得付出。人情来往,要看破钱财,不争小利。其实要想人缘好,最关键的是要心地善良,乐于助人。人情并不是金钱能买到的,如果靠舍弃金钱来换取人情的话,并不是获得好人缘的最佳选择。至于要不要赊给别人东西,应该视具体情况而定,该收钱的还是要收钱。

"生死有命,富贵在天",是一种宿命论观点。这种观点认为人世间的一切遭遇都是命中注定的。在古代社会,统治阶级用这句话来束缚人们,让人们安于贫穷和苦难,以此为耻。其实人寿命的长短,尽管会受到遗传基因的影响,但后天的生活习惯和锻炼对寿命都会有很大的影响,比如一个身体羸弱的人注重保养,同样可以延长寿命。一个人能否享受富贵,并非"富贵在天",而是需要自身积极努力。

六十九

击石原有火,不击乃无烟。人学始知道,不学亦徒然①。

〔注释〕

①"击石原有火"四句:唐代孟郊《劝学》:"击石乃有火,不击元无烟。

人学始知道,不学非自然。万事须己运,他得非我贤。青春须早为,岂能长少年。"石,燧石,俗称"火石",中国古代常用一小块燧石和一把金属的火镰击打取火。有火,指能产生火花。乃,就。道,道理,规矩。徒然,枉然,白白地。

〔译文〕

击打火石就会迸出火星,不撞击就不会冒出烟来。学习才会明白事理,不学就什么都不明白。

〔点评〕

为学是非常重要的。火石可以点火,但仍然需要外界的撞击。一个人并非生而知之,只有通过后天的学习,才能逐渐积累起来各种知识、明白各种道理,立足于社会。如果不学习的话,就枉来世上走一遭。"付诸行动比空想计划更重要",一个人要想有所收获,就必须采取行动,就像火石要想迸发出火花,就必须用力敲击一样。

七十

莫笑他人老,终须还到老①。

〔注释〕

①终须:最终要。

〔译文〕

不要笑话别人老了,自己也会有变老的时候。

〔点评〕

《孟子·梁惠王》:"老吾老,以及人之老;幼吾幼,以及人之幼。"作为年轻人,应当尊老敬老;作为老年人,不应该倚老卖老。尊老爱幼是中华民族的传统美德,我们要敬老爱老。谁都有年轻的时候,也有变老的一天,这是生命的自然规律,谁也无法抗拒和逃脱。《论语》:"乡人饮酒,杖者出,斯出矣。"乡饮酒礼之后,等老人出去了,自己才可以出去,这就是一种尊老敬老的行为。老年人在退休前也都为社会做过各种贡献,年老的时候理应受到尊重和照顾。当今社会为老年人提供了各种福利,比如公交车上的老人卡、高龄补贴等等。

七十一

但能依本分①,终须无烦恼。君子爱财,取之有道②。贞妇爱色,纳之以礼③。

〔注释〕

①但:只要。依:依照,按照。本分:安于所处的地位和环境。

②"君子爱财"二句:《五灯会元·洞山晓聪禅师》:"瑞州洞山晓聪禅师,游方时在云居作灯头,见僧说泗州大圣近在扬州出现。有设问曰:'既是四洲大圣,为甚么却向扬州出现?'师曰:'君子爱财,取之以道。'后僧举似莲华峰祥庵主,主大惊曰:'云门儿孙犹在。'中夜望云居拜之。"元代无名氏杂剧《施仁义刘弘嫁婢》第一折:"兀那厮,你省的那'君子爱财,取之有道么'。"君子,有德行的人。道,正当的途径。

③纳之以礼:《礼记训纂》引宋代方性夫曰:"夫妇之道,合则纳之以礼,不合则出之以义。人伦之际,有所不免也。故先王亦存其辞焉。"贞妇,贞节的女子。纳,取。

〔译文〕

只要能够坚守本分,到老都不会有烦恼。君子也喜爱钱财,但都应该取之有道。贞妇也爱美貌,要用符合礼仪的方式去迎娶她。

〔点评〕

本分有两种含义,一是本身应尽的责任和义务,二是安于所处的地位和环境。做人只要能够坚守本分,到老都不会有烦恼。一个人如果安于本分,按照自己的身份、地位来说话做事,其言行就比较容易为人所接受。一个人如果总是有非分之想,做非分之事,违法乱纪、胡作非为,终究会受到惩罚的。守本分就不会惹来诸多不必要的麻烦,孔子在《论语》中一再强调:"不在其位,不谋其政。"表达的就是人应该安于本分的意思。

爱财和爱色都是人之常情,二者没有好坏之分,只要获得的途径正当即可。在生活中,钱财是必需品,柴米油盐酱醋茶,样样都需要钱,谁也离不开钱财。只有通过诚实劳动,通过正当合法的途径赚钱,才能够用得心安理得。反之,则会受到法律的制裁。爱美之心,人皆有之。婚嫁迎娶,只要符合伦理礼仪,就会得到人们的认可,夫妻也会更加和睦。

七十二

善有善报,恶有恶报。不是不报,日子未到①。

〔注释〕

①"善有善报"四句:唐代释道世《法苑珠林·卷八·六道诸天·报谢》:"故经曰:'行善得善报,行恶得恶报。'"宋代陈元靓《事林广记·卷九·警世格言》进一步丰富为:"善有善报,恶有恶报,善恶未报,时节未到。"元代无名氏《来生债》:"善有善报,恶有恶报,不是不报,时辰未到。"元代郑廷玉杂剧《看钱奴买冤家债主》第一折:"善有善报,恶有恶报,不是不报,时辰未到。"报,报应。

〔译文〕

做好事会得到好的回报,干坏事也会得到坏的回报。不是不报,只是时间还没有到。

〔点评〕

　　本则讲的是因果报应。一个人要多做善事,少做坏事,否则早晚会受到惩罚。《汉书·董仲舒传》:"积善在身,犹长日加益,而人不知也;积恶在身,犹火之销膏,而人不见也。非明乎情性、察乎流俗者,孰能知之?此唐、虞之所以得令名,而桀、纣之可为悼惧者也。夫善恶之相从,如景(影)响之应形声也。"说明人应当积善而不应当积恶。这种因果报应的观念尽管陈旧,但是意在劝人向善的初衷还是好的。有的人权势滔天,作恶多端,引起民愤,早晚都会受到惩罚。如杨国忠学识浅薄,但因杨贵妃而受宠,他做的坏事比李林甫有过之而无不及,在"安史之乱"中被愤怒的将士斩首示众。

七十三

　　人而无信,不知其可也①。

〔注释〕

　　①"人而无信"二句:《论语·为政》:"人而无信,不知其可也。大车无輗,小车无軏,其何以行之哉?"信,信用。其,他。可,能做什么事。

〔译文〕

　　一个人如果不讲信用,就不知道他还可以做什么事情。

〔点评〕

　　守信是做人的基本道德要求。大丈夫一诺千金,一个人如果做不到诚实守信,出尔反尔,那么他在社会上是很难立足的。同时,信任是相互的,只有人人都做到诚实守信,才能够建立起互信的关系,社会生活才能够正常运行。如《史记·季布栾布列传》记载了"一诺千金"的故事,由于诚实有信,季布在遇到困难时,得到了人们的帮助,也因诚实有信,季布获得了大家的友谊和尊重。又如《郁离子》中记载了一个人因为失信而丧生的故事,可见失信于人终将会损人害己。如果我们在生活中,因贪图一时的便宜而失信于人,在短时间内得到了你想要的,但这毕竟不是长远之计,几次三番失信于人,最后总会得不偿失,也会毁了自己的信誉。

七十四

　　一人道好,千人传实[1]。凡事要好,须问三老[2]。若争小可[3],便失大道。年年防饥[4],夜夜防盗。

〔注释〕

　　[1]"一人道好"二句:汉代王符《潜夫论·贤难》:"一犬吠形,百犬吠声。一人道虚,万人传实。"宋代释道原《景德传灯录》:"一人道虚,千人传

实。"道,说。实,真实。

②三老:古代掌管教化的乡官。战国时乡、县,均有三老,汉初乡、县也有三老,由年纪在五十岁以上的人担任。据《孝经援神契》:"天子尊事三老,兄事五更。"又据《白虎通义·乡射》:"王者父事三老,兄事五更者何? 欲陈孝弟之德以示天下也。"

③小可:细小的,寻常的事物。

④饥:饥荒。

〔译文〕

一个人说好,经过很多人的传播也就被认为是真的了。要想办好所有的事情,就必须多请教德高望重的老人。如果斤斤计较一些小事儿,就会失去真正的道理。每年都要预防闹饥荒,每晚都要提防盗贼。

〔点评〕

人们都有从众心理,一个人如果对某件事情或某个东西大加称赞,经过众多的人附和和传播,也就被认为是真的了。还有不大的事,经多人一传,就走了样,添枝加叶,越传越神,如成语"三人成虎""以讹传讹"等。谣言经过多人重复,就好像是真的了。《宋人掘井》的故事告诉我们,要注意实地调查,不要轻信流言蜚语,不要以讹传讹。"谣言止于智者",只有那些没有思辨能力的人,才会跟着附和传播谣言。

"三老"是古时掌管教化的乡官,这里指的是经验丰富的老人。我国古代是农耕社会,老年人经历丰富,懂得农耕常识和时节变化,因此很多事情都要向他们请教。其实无论做什么事情,多向别人请教,多听取各方面的意见,总是有益处的。俗话说"三个臭皮匠,合个诸葛亮",集思广益,集众人之智慧,事情就会办得更好。

认识事物要抓住主要矛盾,因为主要矛盾决定着事物的性质,而次要矛盾则是对事物性质侧面的、枝节的反映。做事情如果纠缠于细枝末节,便会被表面现象所迷惑,无法认清其根本,便会因小失大。事实上,真正的聪明人从来都不会贪小便宜,也不会因为一点小利益而斤斤计较,这种心胸开阔的人不会轻易吃大亏。那些爱耍小聪明、爱贪小便宜的人往往是"聪明反被聪明误",为了眼前的小利益而丢失了长远的利益。

凡事要"防患于未然",要有危机意识。不管粮食丰收与否,都要防止发生饥荒;不管是否有贼,晚上都要防备偷盗,毕竟做到有备才能无患。《书·说命中》:"惟事事乃其有备,有备无患。"防患于未然的道理就是:事后控制不如事中控制,事中控制不如事前控制。

七十五

学者如禾如稻,不学者如蒿如草①。

〔注释〕

①"学者如禾如稻"二句:清代贺兴思《三字经注解备要》:"学者如禾

如稻,不学者如蒿如草。如禾如稻兮,乃国家之津梁,世之大宝。如蒿如草兮,乃耕者憎嫌,锄者烦恼。他日面墙,悔之已晚。"蒿,青蒿,一种野草。草,稗草。

〔译文〕

学习的人就像禾苗稻谷一样,不学习的人则像蒿草。

〔点评〕

人要有"向学之心"。人只有通过学习,才能够成为有用之才。喜欢学习,不断追求进步的人,最终都会成功;反之,不爱学习,每天浑浑噩噩的人,最终只能成为废人。禾苗和稻谷是有用之物,而蒿子和杂草则对人们没有多少用处,长在田地里还会成为累赘。中国人历来崇尚学习,流传千古的勤奋好学的佳话有许多,如孙敬头悬梁,苏秦锥刺股,匡衡凿壁偷光等。《宋史·杨时传》:"见程颐于洛,时盖年四十矣。一日见颐,颐偶瞑坐,时与游酢侍立不去。颐既觉,则门外雪深一尺矣。"讲的是有一次,杨时和游酢来拜见老师程颐,当他们看见老师坐着睡着了的时候,不忍心打扰,就站在旁边,一直恭敬耐心地等着老师醒来。这时下起了大雪,而且越下越大,等程颐醒来的时候,门外的雪已经有一尺深了。这个故事一方面表现了对长者的尊敬,另一方面也表现出杨时和游酢求学心切。当今科技飞速发展,不学习就要落后于时代,在社会上就无立足之地。我们应牢记古训,发奋学习,用知识武装自己,用知识报效国家。

七十六

遇饮酒时须饮酒,得高歌处且高歌①。

〔注释〕

①"遇饮酒时须饮酒"二句:元代柯丹邱戏文《荆钗记》第三出《庆诞》:"四时光景疾如梭,堪叹人生能几何。遇饮酒时须饮酒,得高歌处且高歌。"元代高明《琵琶记》第二十一出余文:"光阴迅速如飞电,好良宵可惜渐阑,拼取欢娱歌笑喧。欢娱休问夜如何,此景良宵能几何?(合)遇饮酒时须饮酒,得高歌处且高歌。"得,能。且,还,尚且。

〔译文〕

遇到需要饮酒的时候,就敞开大喝一场;有引吭高歌的地方,就放开喉咙高歌一曲。

〔点评〕

做人要豁达随意一些,不要太过拘谨,毕竟活在当下,应及时享受生活。人生本就十分短暂,如果时时生活在紧张之中,那么便会缺乏许多乐趣。孔圣人是一个生活态度十分严谨的人,但通过阅读《论语》,我们却发现他喜欢唱歌、弹琴,而且还会经常同自己的学生开玩笑。圣人尚且如此,作为一个普通人,又有什么必要总是端着呢？李白在《将进酒》中说"人生得意须尽欢，莫使金樽空对月"，且歌且行，活在当下。从另一方面来讲，喝酒、唱歌都可以发泄心中的愤懑。古代文人生不逢时，才华经常会被淹没，只能以此来排解心中的郁结。其实人应该拥有潇洒豁达的态度，正确对待功名利禄和荣辱进退。同时要坦然面对现实，有明确的奋斗目标，不能单纯去追求个人的享乐，庸庸碌碌地过一辈子。

七十七

因风吹火，用力不多①。不因渔父引，怎得见波涛②。

〔注释〕

①"因风吹火"二句：《五灯会元》："问：'如何是无为之句？'师曰：'宝烛当轩显，红光烁太虚。'问：'如何是临机一句？'师曰：'因风吹火，用力不多。'问：'素面相呈时如何？'师曰：'拈却盖面帛。'"宋代释道原《景德传灯录》卷十三："因风吹火，用力不多。"元代徐田臣《杀狗记》第二十五出《越真买狗》："因风吹火，用力不多。"因，凭借。引，引导。

②"不因渔父引"二句：宋代吴潜《示慧开禅师颂二首》其二："黑山心历历，金殿口巴巴。不因渔父引，怎得见波查。"元代高明《琵琶记》第三十三出："不因渔父引，怎得见波涛？"《古尊宿语录·慈明禅师语录》："师云：'不因渔父引，焉知水浅深。'僧云：'峻水随流急，云开照碧天。'师云：

'我行荒草里,你又入深村。'僧应诺,云:'官不容针,更借一问,师意如何?'师云:'放你三十棒,三十年后方始知痛痒。'僧舞袖而退。"渔父,捕鱼的老人,渔翁。引,带,领。

〔译文〕

借着风势来吹火,就不需要用太大力气。如果不凭借渔翁引导,怎能见到大的风浪呢。

〔点评〕

做事情要懂得因势利导,懂得借助外力,也就是外界条件。尽管事物发展依靠的主要是内因,但如果完全拒绝外因也是不行的。充分发挥内因,积极利用外因,才能够取得成功。顺风吹火,尽管不需要用太多的力,但是效果却十分明显。如《荀子·劝学》中说:"登高而招,臂非加长也,而见者远;顺风而呼,声非加疾也,而闻者彰。假舆马者,非利足也,而致千里;假舟楫者,非能水也,而绝江河。"讲的就是君子并非天赋异禀,而是因为善于借用外力。同样,在具体的生活、学习和工作当中,很多事情并不是仅凭一己之力就能成功,我们必须要学会巧妙地借助各种外在的条件,才能够取得事半功倍的效果。

人生的旅途最好有人引领。渔父是捕鱼和水性方面的专家,如果在他们的引导下,必定能够安全地躲过大风大浪。其实对于每一个刚步入社会的年轻人来讲,生活都是全新而又陌生的,各种问题都要自己去解决,比如处理与同事之间的关系,关键时刻的抉择和挫折等,都是需要面对的课题。如果不能够妥善处理,那么一定会带来诸多的烦恼。如果有一位经验丰富的前辈能够给予指导,你就可以妥善地处理这些问题,从而在工作中少了许多麻烦,也会少走很多弯路。

"工欲善其事,必先利其器。"学会借助天时、地利、人和,很多事情就可以顺利成功。

七十八

无求到处人情好①,不饮从他酒价高②。

〔注释〕

①人情好:人缘好。
②不饮从他酒价高:元代武汉臣《包待制智赚生金阁》第三折:"我道不饮呵,可便从他来酒价高。"

〔译文〕

不随便求助别人,所到之处就会有好的人缘;不喝酒,任凭他酒价再高也无所谓。

〔点评〕

为人处世是一门学问。万事不求人,不给人添麻烦,就不会影响人情,自然可以获得人的好感。然而,人情的好坏并不完全取决于是否求人,而在于真诚待人。人与人之间要想产生真挚的感情,就必须"以心发现心,以爱博得爱",只有以诚相待,以真心换真心,彼此之间相互关心、相互理解,才能够成为真正的朋友。人是社会的人,与他人有着广泛的联系。因此在工作、生活中难免会遇到各种各样的困难和问题,需要他人的帮助也是十分正常的,那种万事不求人的想法未必是对的,也是不现实的。"不饮从他酒价高"反映了"事不关己,高高挂起"的思想。有的人认为事情与己无关,就把它远远丢开不管。这种思想是十分狭隘的,反映了人们的势利与圆滑,其实这是一种麻木不仁的道德观,但是却被现在的某些人奉为做事的原则。多一事不如少一事,其实是一种明智的生活态度。但是,在关键时刻,还是要态度分明,尤其是事关国家利益、人民生命安全的时候,一定要挺身而出。

七十九

知事少时烦恼少,识人多处是非多[①]。

〔**注释**〕

①"知事少时烦恼少"二句:《五灯会元·东山齐己禅师》:"知事少时烦恼少,识人多处是非多。"宋代释齐己《偈颂二首》其一:"知事少时烦恼少,识人多处是非多。"明代罗洪先《醒世诗》其二十:"知事少时烦恼少,识

人多处是非多。"

〔译文〕

知道的事情少,烦恼自然也就少;认识的人多,是非也会多。

〔点评〕

明哲保身出自《诗经·大雅·烝民》:"既明且哲,以保其身。"知道的事情少,烦恼也就少了,"眼不见心不烦"。然而,知道的事情多了,说明见多识广,其实也是一件好事,毕竟"朋友多了路好走"。因此,关键在于你如何处理人际关系。明哲保身在很多时候也是一种生存智慧。要做好事,要做正确的事,要做大事,要实现大目标和理想,就要有生存智慧。当然,我们在生活中,总是会遇到形形色色的人和事,保持积极的心态去面对,逢山开路,遇水搭桥,办法总是比困难多。

八十

入山不怕伤人虎①,只怕人情两面刀②。

〔注释〕

①入山不怕伤人虎:《五灯会元·诣门慧昭山主》:"杨亿侍郎问曰:'入山不畏虎,当路却防人时如何?'师曰:'君子坦荡荡。'"

②两面刀：元代李行道《灰阑记》第二折："岂知他有两面三刀，向夫主厮搬调。"比喻居心不良，当面一套，背后一套。

〔译文〕

进入深山不怕有伤害人的老虎，人际交往中就怕那些两面三刀的阴险小人。

〔点评〕

俗话说"明枪易躲，暗箭难防"。生活中那些嘴甜心狠、两面三刀的人，确实比老虎更可怕。毕竟老虎害人是在明处，一看便知晓，也好提防；成语"笑里藏刀"，说的就是两面三刀的人，他们常常当面是人，背后是鬼，明面一盆火，暗里一把刀，脸上笑着，脚下使绊子，令人防不胜防。

《新唐书·李义府传》记载，唐高宗时有一个名叫李义府的中书侍郎，此人外表柔顺恭敬，与人说话时总是笑容满面，但只要有人不小心违逆了他，他必会想方设法加以迫害。因此当时的人都在背后叫他"李猫""笑中刀"。其实这种"口中有蜜，腹中有剑"的在历史上大有人在。如李林甫，他在唐玄宗时期官居兵部尚书兼中书令，若论才艺倒也不错，能书善画。但品德却坏透了。他妒贤嫉能，只要是才能比他强、声望比他高、权势地位与之相差无几的人，他就会对其不择手段地进行排斥和打击。对于唐玄宗，他更是极尽谄媚之能事。他不仅竭力讨好迎合玄宗，还采用各种手段，讨好玄宗宠信的嫔妃和心腹太监，以此来博取他们的欢心和支持，以便保住自己的地位。司马光《资治通鉴·唐纪·玄宗天宝元年》:"尤忌文学之士,或阳与之善,啖以甘言而阴陷之。世谓李林甫'口有蜜,腹有剑'。"李林甫平时与人接触时,总是露出一副和蔼可亲的样子,嘴里说的都是一些动听的"善意"的话,但实际上,他却是极为阴险狡猾,经常背后使绊子,暗中加害人。其实很多小人都是表面上不露声色,在明处不敢有所动作,但在背地里却密谋策划,不置人于死地绝不罢休。所以,对于这类人一定要小心谨慎。

八十一

强中更有强中手,恶人终受恶人磨①。

〔注释〕

①"强中更有强中手"二句:元代王晔杂剧《桃花女破法嫁周公》第二折:"强中更有强中手,恶人终被恶人磨。"明代冯梦龙《醒世恒言·一文钱小隙造奇冤》:"铜盆撞了铁扫帚,恶人自有恶人磨。"磨,对付。

〔译文〕

强者之中还有更强的人,恶人自会有更凶恶的人来对付他。

〔点评〕

　　俗话说"天外有天,人外有人"。一个人的本领再高强,也会出现比他本领更为高强的人。因此,不要自视过高,更不能恃强凌弱。一个人要有自知之明,要正确评价自己。古人有云:"强而骄者损其强。"再有本事的人,也不能盲目自高自大。大家都知道井底之蛙的寓言故事,千万不要鼠目寸光,毕竟广阔的大地之外还有浩瀚的大海和宇宙。即便你才华横溢,武功奇高,也会有比你强的人存在于世界的某个地方。因此,要时刻保持谦虚谨慎的态度,戒骄戒躁,不断地开拓进取,每天都有所进步。

　　恶人,只能作恶一时,最终会受到道德的谴责和法律的制裁。有个成语叫作"请君入瓮",说的就是恶人折磨恶人的故事。《资治通鉴·唐纪·则天后天授二年》记载,武则天有两个最信任的酷吏——周兴和来俊臣。有人前来状告周兴与丘神绩一起谋反,武则天就命来俊臣去处理此事。来俊臣设宴招待周兴,席间,来俊臣问周兴有什么好办法可以让囚犯痛快地交代自己的罪行,周兴回答说:"此甚易耳!取大瓮,以炭四周炙之,令囚入中,何事不承?"俊臣乃索大瓮,火围如兴法,因起谓兴曰:"有内状推兄,请兄入此瓮。"兴惶恐叩头伏罪。后以"请君入瓮"比喻以其人之道还治其人之身。

八十二

会使不在家豪富,风流不在着衣多①。

〔注释〕

①"会使不在家豪富"二句:元代戏文《宦门子弟错立身》第十二出:"使钱不问家豪富,风流不在着衣多。"《五灯会元·道场明辩禅师》:"解夏,上堂:'十五日已前不得去,少林只履无藏处。十五日已后不得住,桂子天香和雨露。正当十五日,又且如何?阿呵呵!风流不在著衣多。'"会使,善于使用财物。

〔译文〕

善于使用财物的人不在于家里是否富有,风雅洒脱的人不在于穿多少华丽的衣服。

〔点评〕

居家过日子,要学会理财,学会筹划。日子过得是否宽裕,并不在于家里拥有多少财富,关键在于是否合理安排,比如同样办一件事情,会办的人,花钱不多,还办得有条有理,不会办的人,钱花了不少,事却没成。"资源有限,创意无穷",资源是有限的,而创意是无限的,因此在无穷的创意之下,有限的资源便会得到极大的利用。

常言道"人靠衣裳马靠鞍",衣着打扮是很重要的。但是一个人是否风流潇洒,并不完全在于衣服穿得多么华丽时尚,关键在于其内在的修养,有涵养的人无论穿什么衣服,都难以掩盖与众不同、超凡脱俗的气质。苏轼《和董传留别》"粗缯大布裹生涯,腹有诗书气自华"便是此意。相反,如果一个人缺乏内在气质与魅力,即便他穿得再华贵,也会显得俗不可耐。而这种内在气质是一个人自身素质的综合体现,不是靠衣装所能改变的,而是靠提升个人的修养来实现的。

八十三

光阴似箭,日月如梭①。天时不如地利,地利不如人和②。黄金未为贵,安乐值钱多③。

〔注释〕

①"光阴似箭"二句:北宋张伯端《悟真篇·赠白龙洞刘道人歌》:"空玄子曰:'日月如梭,时光似箭。人生七十者稀。寒暑逼人,儿孙牵情。至于老死,世世皆然。'"光阴似箭,唐代韦庄《关河道中》诗:"但见时光流似箭,岂知天道曲如弓。"光阴,时间。梭,织布时往返牵引纬线的工具,两头尖,中间粗,形状像枣核,指时间如梭子一般快速穿过。

②"天时不如地利"二句:《孟子·公孙丑下》:"孟子曰:'天时不如地

利,地利不如人和。三里之城,七里之郭,环而攻之而不胜。夫环而攻之,必有得天时者矣;然而不胜者,是天时不如地利也。城非不高也,池非不深也,兵革非不坚利也,米粟非不多也;委而去之,是地利不如人和也。'"天时,适合做某事的自然气候条件。地利,地理优势。人和,指人心归向,上下团结。宋代朱熹《四书章句集注·孟子集注》:"天时,谓时日、支干、孤虚、王相之属也。地利,险阻、城池之固也。人和,得民心之和也。"

③"黄金未为贵"二句:元代岳伯川杂剧《吕洞宾度铁拐李岳》第一折:"花有重开日,人无再少年。休道黄金贵,安乐最值钱。""黄金未为贵",《全元诗》释梵琦《和出家要清闲》:"举世重黄金,黄金未为贵。争如无事人,乐道山林里。""安乐值钱多",《鹤林玉露》乙编"安乐值钱多":"周益公退休,欲以'安乐直钱多'五字题燕居之室,思之累曰,未得其对。一士友请以'富贵非吾愿'为对,公欣然用之。"安乐,平安快乐。

〔译文〕

光阴流逝就像飞行的箭一样快,日月变更就像织布的梭子一样飞速来去。时机和气候好,不如地理条件好;地理条件好,不如与人心团结好。黄金并不是最珍贵的东西,平安快乐的生活才是最珍贵的。

〔点评〕

人生几十年,弹指一挥间。时光飞逝,人生短暂,一定要抓紧时间刻苦学习,努力奋斗,使生命的价值最大化。用箭的飞行速度和织布时梭子的快速交替来形容时光流逝之快。《论语·子罕》中说:"子在川上,曰:'逝者如斯夫,不舍昼夜。'"孔子也用奔腾的河流来比喻时光的流逝。人生虽然短暂,但是人类却一直都在追求永恒,这两者之间的矛盾,即使作为圣人的孔子,也感到无可奈何。

人生长于天地之间,其活动必然会受到气候、地理环境等条件的制约。尽管如此,真正能起决定作用的还是人的因素;"天时不如地利,地利不如人和"的含义就是只要人与人之间和睦团结,就能够克服气候条件、地理环境对人的不利影响。"人和"反映了人们的团结,人们的士气。两军作战,双方把握的战机,所处地形条件,军队的整体素质都是不一样的。有了有利战机和地形,再加上军队官兵的高度团结统一,就胜券在握。"天时""地利"与"人和"三者都很重要,但相比较而言"人和"更为重要。当然,"天时""地利""人和"的主要地位和作用也不是一成不变的,在一定条件下是可以进行相互转化的。《孙膑兵法·月战》:"天时、地利、人和,三者不得,虽胜有殃。"意思是天时、地利、人和,三者不具备,即使胜利了也是有灾殃的。但是三者完全具备往往很难达到,这就需要人充分发挥主观能动性,以此来弥补"天时""地利"的缺失。

平安快乐是最宝贵的,它比黄金的价值要贵重得多。黄金虽然昂贵,为世人所看重,但是如果没有健康的身体、良好的情绪,那么一切就没有意义了。金钱能够支撑生活,但并不是生活的全部意义,金钱买不来快乐,也买不来健康。

八十四

世上万般皆下品,思量唯有读书高①。

〔注释〕

①"世上万般皆下品"二句:语出北宋汪洙《神童诗》:"天子重英豪,文章教尔曹。万般皆下品,唯有读书高。"元代郑廷玉杂剧《金凤钗》第二折:"天子重英豪,文章教尔曹。万般皆下品,唯有读书高。"宋元戏文《张协状元》第一出:"世上万般俱下品,思量唯有读书高。"万般,各种各样。品,种类,等级。下品,魏晋时期用"九品中正制"来选拔官员,将官员按上、中、下分为九品,其中"下上、下中、下下"三个等级称为下品,后泛指事物的最低等级。

〔译文〕

世间一切行业都是下品,只有读书才是最高贵的。

〔点评〕

在中国古代,读书人可以参加科举考试,只要考中了,就可以从贫穷秀才变成天之骄子,享受荣华富贵。所以古人说:"书中自有黄金屋,书中自有颜如玉。"即只要把书读好,你就可以富贵满堂,娶到美貌的妻子。在知识经济的今天,读书仍然是十分重要的。虽然俗话说"三百六十行,行行出状元",但各行各业的知识含量越来越多,无论干哪一行,无论从事什么职业,不读书,没有知识是干不好的。职业无贵贱,能力有高低。只有加强学习,才能提高自己的从业本领,才能在人才竞争中立于不败之地。同时,读书是一个人不断自我完善的基本需求,是一个人获得精神成长的重要途径。书,是智慧的源泉。如果不读书,你的精神世界就一片荒芜。读书能让我们懂得一些深刻的道理,能了解一些我们曾不知道的东西。

八十五

世间好语书说尽,天下名山僧占多[1]。

〔注释〕

①天下名山僧占多:元代方回《桐江续集·天下夕阳佳诗说》:"或谓诗中不合用天下字,近乎时文。老杜诗曰:'天下兵戈满,江边岁月长。'又曰:'阆州城南天下稀。'又曰:'越女天下白,鉴湖五月凉。'又曰:'天下郡国向万城,无有一城无甲兵。'……陆放翁诗曰:'天下不知谁竟是,古来惟有醉差贤。'又曰:'国家科第与风汉,天下英雄惟使君。'又曰:'信哉天下有奇作,久矣名家多异才。'其他用'天下事'与'天下士'者不一。……但恨俗人不具诗眼,则不识耳。近人常传诗一句曰:'天下名山僧占多。'亦是此意。余不能一一详录,姑记诸此,以发一笑。"僧占多,多被僧人占有。

〔译文〕

人世间的好话书上都说完了,天下著名的大山多数被僧人占据了。

〔点评〕

人世间的好话书上都说完了,天下著名的大山多数被僧人占据了。所以,一个人要想开阔视野、增长见识、丰富阅历,就必须读万卷书,行万里路。清代钱泳的《履园丛话》:"'读万卷书,行万里路,'二者不可偏废。"古人把"读万卷书,行万里路"作为一种境界,一种追求。它一方面概括了每个人获得真知的途径,另一方面又强调了读书学习和亲身实践的关系,二者都能使人开阔眼界,增长知识和能力。把"读书"与"行路"关系做个比喻:"读万卷书"好比人们通过一个窗口看到了知识和能力的金山,但要想真正得到这座金山,还要靠走出门去"行万里路"。"读万卷书",是知识学问的博览。

"读万卷书"说的是多读书,"行万里路"讲的是多游历,这是求知必不可少的两个方面。要求知,首先要"读万卷书",即广博地学习前人的知识,特别是研习圣贤之说。这实质上是通过博览群书获得间接知识,它是一个人闭门苦读的过程。孔子年轻时读书极勤奋,《论语》里讲:"十室之邑,必有忠信如丘者焉,不如丘之好学也。"孟子少时发愤读书,浑然不知昼夜,遂通《诗》《书》《礼》《易》《春秋》等经。蒲松龄憎恶科举,寄情"聊斋",以读书写书为乐,享誉后世。求知以"博览群书"始,实不失为合理之举,因为以个人有限的精力,万万不足以亲身一一发现、经历世间事,且无此必要,明智之举就是通过博览群书把已有的知识、学说纳入胸中。

　　读万卷书是必要的,一个人要想使自己学识渊博,最好的途径就是读书。阅读对人的成长影响是巨大的,一本好书往往能改变人的一生。"行万里路",是实践经验的积累。"物有甘苦,尝之者识;道有夷险,履之者知。"世上有很多的路,而只有自己亲身走过的路,心里最清楚。正所谓实践是检验真理的唯一标准,只有切己体察,身体力行,有了丰富的人生经历之后,才能学会分析和判断,从中找出一条最适合自己的路,才能把书中的知识升华为能力和智慧。因此,"读万卷书"和"行万里路",是人生不可或缺的两个重要组成部分。

八十六

为善最乐[①],为恶难逃。

〔注释〕

　　①为善最乐:《后汉书·东平宪王苍传》:"日者问东平王,处家何等最乐?王言为善最乐,其言甚大,副是要腹矣。今送列侯印十九枚,诸王子年五岁已上能趋拜者,皆令带之。"宋代罗大经《鹤林玉露》卷一:"余家藏

山谷八大字云：'作德日休，为善最乐。'"

〔**译文**〕

经常做好事会使人快乐，做坏事最终会罪责难逃。

〔**点评**〕

做善事，一方面可以得到他人的认可，另一方面也可以使自己的内心充满成就感，因为做善事的人，看见别人由于自己的帮助而摆脱了困境，重拾快乐，心中会有说不出的喜悦，也会有很大的满足感，这是一种积极的情绪，它会给人的身心带来长时间的愉悦。

"为善最乐"，体现了一种很高的思想境界。做好事，不是图名图利，而是寻求一种精神境界，能做到这一点很不容易。做好事，与他人有益处，与社会有益处，与自己也有好处。现代医学表明，乐于助人的人，心胸开阔，情绪乐观，心理素质好，身体免疫力也强，从而保持良好的健康状况。当然长期坚持做好事也是不容易的，需要有一种奉献精神。那些为非作歹之徒，以害人开始，必定以害己告终。即使他人不来惩罚，自己的内心也会惴惴不安或愧疚不已。所以，为求心安，也应多做好事。

八十七

羊有跪乳之恩，鸦有反哺之义①。

〔注释〕

①"羊有跪乳之恩"二句:董仲舒在《春秋繁露·执贽》:"羔有角而不任,设备而不用,类好仁者;执之不鸣,杀之不啼,类死义者;羔食于其母,必跪而受之,类知礼者;故羊之为言犹祥与,故卿以为贽。"东汉蔡邕《为陈留太守上孝子状》:"乌以反哺,托体太阳;羔以跪乳,为贽国卿。"宋代于石《伯劳》:"昔闻乌反哺,羔羊能跪乳。""鸦有反哺之义",《艺文类聚》记载,《蜀李雄书》曰:"武皇帝雄泰成三年,白乌赤足来翔。帝以问范贤,贤曰:'乌有反哺之义,必有远人怀惠而来。'果关中流民请降。"跪乳,跪着喝奶。反哺,鸟雏长大,衔食哺其母,后用以比喻报答父母。

〔译文〕

羊羔有跪着吃奶的感恩举动,雏乌长大后有对老乌鸦反哺的情义。

〔点评〕

人要有报恩之心。羊跪乳,鸦反哺,都是自然现象。动物尚且知道养育之恩,人又岂能不孝敬父母?孝敬父母是中华民族的传统美德,应该世代相传,为人父母的首先要孝敬老人,为孩子做好尊老敬老的榜样,只有这样孩子才能通过耳濡目染学会怎样孝敬父母,如果大人对老人不尊不孝,那么他的孩子也不会懂得孝顺。有这样一个公益广告,一位年轻的妈妈细心地为婆婆洗脚,这个情景被年幼的孩子看在眼里,他好像明白了什么,过了一会儿,孩子费力地端来一盆水,说道:"妈妈,洗脚。"妈妈听后,疲倦的脸上绽开了欣慰的笑容。她用自己的行动把一颗爱老敬老的种子埋在了孩子的心里,而且这颗种子已经生根发芽。

八十八

你急他未急,人闲心不闲①。

〔注释〕

①闲:有空,没有事情做。

〔译文〕

你着急别人不着急;人的身体闲下来,他的心里却一直都在不停地思考。

〔点评〕

自己的心情他人难以体会,就算你着急得要命,别人却悠闲且无所谓,那是因为你的事情与对方无关。有些人表面来看貌似没有事情可做,其实心里却在一直不停地思考。胸无城府的人与城府颇深的人在遇到紧急情况时态度的鲜明对比:遇到一些事情,城府浅的人顿时就会慌了手脚,急得团团转,可是却苦无对策;而城府深的人,虽然心里也在着急,但是表面上却镇静自若,这并不表明他听之任之,在他平静的外表掩饰下,心里正在快速谋划,经过一番深思熟虑,感到足以能应付当前的情况之时,他才会将自己的计划一一实施,而且对于困境的解决是稳操胜券。其实,古往今来,很多成大事的人都是能沉住气的人,因为他们知道着急对事情的解决并无益处,而且还可能由于头脑发热把事情办得更糟。因此,他们会时刻保持冷静,然后进行一番慎重思考,想出周密的应对之策,这样很多困难就迎刃而解了。

八十九

隐恶扬善,执其两端①。

〔注释〕

①"隐恶扬善"二句:《礼记·中庸》第六章:"子曰:'舜其大知也与!舜好问而好察迩言,隐恶而扬善,执其两端,用其中于民,其斯以为舜乎!'"执,判断,权衡考虑。端,事物的一头或一方面。

〔译文〕

隐藏别人的坏处,宣扬别人的好处,把握好一定的尺度,避免过犹不及的状态。

〔点评〕

与人为善,要采用中庸之道。批评和表扬别人也是如此,一定要把握好尺度,过和不及都是不妥的,恰如其分才是最佳。只有恰到好处的表扬,才会既让对方感到愉悦和满足,又使自己心情变得更加舒畅。批评别人则更应掌握好火候,因为本来人在接受批评的时候,就有一种戒备心理,如果批评者话语的"度"掌握得不好,那么很有可能会给彼此之间的关系带来负面影响。很多人在批评别人时,总怕批评得轻了,对方认识不到错误的严重性,下次还会再犯。所以,为了让对方认识深刻一些,他们的语气、分量就会让人感觉下不来台,在这样的情况下,犯错之人很有可能恼羞成怒。因此,在批评别人的时候,要尽量保持语气的稳定,做到"春风化雨",让对方既认识到错误,又不会心生怨气。

九十

妻贤夫祸少,子孝父心宽①。

〔注释〕

①"妻贤夫祸少"二句:元代郑廷玉杂剧《崔府君断冤家债主》第四折:"法正天须顺,官清民自安。妻贤夫祸少,子孝父心宽。"元代李直夫杂剧《虎头牌》第三折:"(旦云)我回去则便了也。(做出门见老千户云)元帅断然不肯饶你,可不道'法正天须顺',你甚的'官清民自安'!我可甚么'妻贤夫祸少',呸!也做不得'子孝父心宽'。"元代徐田臣《杀狗记》第三

十五出《断明杀狗》:"国正天心顺,官清民自安。妻贤夫祸少,子孝父心宽。"明代冯梦龙《喻世明言·汪信之一死救全家》:"妻贤夫祸少,子孝父心宽。"

〔译文〕

妻子贤惠,丈夫遭遇的灾祸就会很少;儿子孝顺,父亲就会心情宽畅。

〔点评〕

拥有一个贤惠淑德的妻子,拥有一个孝顺乖巧的孩子,对于一个男人来讲是此生最幸福的事情。贤惠的妻子是男人成就事业的坚强后盾,孝顺乖巧的孩子是男人奋斗的希望和动力。我国古代社会,男主外,女主内,分工很是明确,丈夫在外面建功立业,贤惠的妻子操持家务,做丈夫坚强的后盾,让他没有后顾之忧,可以把大部分精力用在追求事业的成功上。然而,在我国古代强调的只是一方面,如妻子应该是贤妻良母,要做到"三从四德",而丈夫却可以三妻四妾,寻花问柳,打妻骂子;儿子要孝顺,要唯父命是从,而父亲却实行家长制,说一不二。其实家庭的和睦、幸福,需要每个家庭成员的共同努力,不只是一两个人的事。妻子要贤惠,子女要孝顺;做丈夫的也应疼爱妻子,作为父亲要关心爱护子女。

九十一

既坠釜甑,反顾何益①。翻覆之水,收之实难②。

〔注释〕

①"既坠釜(fǔ)甑(zèng)"二句:《后汉书·郭符许列传第五十八》:"孟敏字叔达,钜鹿杨氏人也,客居太原。荷甑坠地,不顾而去。林宗见而问其意。对曰:'甑以破矣,视之何益?'"既,已经。坠,落,掉。釜,古代的炊事用具,相当于现在的锅。甑,古代炊具,底部有许多小孔,放在鬲上蒸食物。反顾,回头看。

②"翻覆之水"二句:《后汉书·光武帝纪》:"反水不收,后悔无及。"又《后汉书·窦何列传第五十九》:"国家之事,亦何容易!覆水不可收,宜深思之,且与省内和也。"后周王明广《上书宣帝请重兴佛法》:"马母叛姜,自招覆水之逝。"唐代刘禹锡《怀妓》:"金盆已覆难收水,玉轸长抛不续弦。"宋代王懋《野客丛书》卷二八:世谓"姜太公妻马氏,不堪其贫而去,及太公既贵再来,太公取一壶水倾于地,令妻收之,乃语之曰:'若言离更合,覆水定难收。'"覆,倾倒。

〔译文〕

釜甑已经掉在地上打碎了,再回头看也没有什么好处。已经泼在地上的水,想收起来实在是太难了。

〔点评〕

　　对于已成事实之事,就不要再白费功夫。生活中有许多事情是无法挽回的,事情已然发生或错误已经铸成,一味地后悔、自责是毫无价值、毫无意义的,自怨自艾只会浪费时间、浪费生命。重要的是应该"前事不忘,后事之师",汲取教训,尽力改正错误,弥补过失,继续向前。

　　有一个关于"破甑不顾"的小故事,东汉有个人叫孟敏,他有一次在街上买了一个甑,在拿回家的路上,一不小心,把甑掉在地上摔破了。孟敏一点也没有露出惊恐和惋惜的表情,泰然自若地往前走,甚至没有回头看一眼!这时,有一个人走了过来,他叫郭泰,是个很有学问的人。他见孟敏把甑摔破了,连头都没回,便觉得这个人很不简单。于是,郭泰赶上前去,礼貌地把他叫住,问道:"好好的一个饭甑,就这样摔破了,您怎么看都不看一眼呢?"孟敏回答说:"反正都已经摔破了,看它又有什么用呢!"郭泰对他很是佩服,就和他亲切地谈起来,从此两人成了好朋友。

　　生活就是这样,牛奶洒了、陶罐碎了,你再悔恨、再伤心也不可能挽回什么。这时候最重要的是收拾好心情,去迎接新的一天,说不定,在关上这扇门的时候,另一扇窗户已经为你打开了。

九十二

人生知足何时足①,到老偷闲且自闲②。但有绿杨堪系马,处处有路透长安③。

〔注释〕

①知足:满足于已经得到的。足,满足,满意。

②到老偷闲且自闲:宋代邵雍《世上吟》:"世上偷闲始得闲,我生长在不忙间。"偷闲,挤出空闲的时间。且,姑且,暂且。

③"但有绿杨堪系马"二句:《五灯会元·资寿尼妙总禅师》:"尼问:'如何是夺人不夺境?'师曰:'野花开满路,遍地是清香。'曰:'如何是夺境不夺人?'师曰:'茫茫宇宙人无数,几个男儿是丈夫?'曰:'如何是人境俱不夺?'师曰:'处处绿杨堪系马,家家门首透长安。'曰:'如何是人境两俱夺?'师曰:'雪覆芦花,舟横断岸。'曰:'人境已蒙师指示,向上宗乘事若何?'师便打。"堪,可以,能。长安,中国古都之一,在今陕西西安市附近,后通常称国都为长安。

〔译文〕

人生应该知足,可什么时候才能满足呢?人在年老时得到的空闲,才是真正的空闲。只要有绿树就能够拴马,到处都有路可以通往长安。

〔点评〕

　　俗语说："知足常乐。"人要懂得知足,处事要学会豁达。这里的"知足"主要是指对个人利益的满足,对个人的生活,个人的名利、地位、个人的家庭生活要知道满足。如果一个人总是存在各种不满,得陇望蜀,人心不足蛇吞象,那就会自寻烦恼,永远都不会感到快乐。当然"知足"与"不知足"也存在着辩证关系。对于个人利益要知足,但对工作、事业、学习应该保持永不知足的态度,要不断地给自己设定新的目标、新的要求。一个人生活在世上要心胸豁达,遇到不顺心的事要想得开,不要钻牛角尖,不要一条道跑到黑。有时换一种思维方式,或许会别有一番天地。

　　然而事实上却是,人似乎永远没有知足的时候。虽然人人都知道知足常乐,但是因为人的欲望是没有止境的,所以真正能够知足的人少之又少。人不知足,就会有追求,从而使自己的生活处于忙碌之中。可是冷静下来想想,这样忙碌一生,又有什么意义呢?所以人老了以后,就要设法"偷闲",为自己挤出点空闲时间自娱自乐,颐养天年。人生没有完美,幸福没有百分百,真正的幸福,不依赖任何外在的人或事物,而是一种愉快与平静的感觉。

九十三

见者易,学者难。莫将容易得,便作等闲看①。用心计较般般错,退步思量事事宽②。

〔注释〕

①"莫将容易得"二句:元代刘唐卿《白兔记》第二十四出《见儿》:"若将容易得,便作等闲看。"莫,不要。将,把。等闲,平常。

②"用心计较般般错"二句:宋代余洪道《句》:"著心计较般般错,退步思量事事宽。"计较,打算比较。般般,种种,样样,件件。退步,向后走,后退。思量,考虑。

〔译文〕

看起来很容易,学起来其实很困难。不要把容易得到的,就视作平常之物。过于用心算计每件事,便会觉得件件都不对;退一步考虑,会发现处理事情的路子很宽。

〔点评〕

知易行难。很多人都有这样的体验,一件事情看别人做起来很容易,简直是手到擒来,一旦自己着手去做,却发现简直是难如登天。其实这并不奇怪,俗话说:"台上一分钟,台下十年功。"他人之所以做起来容易,那是花费了一番心血和气力的。这说明从认识到实践的飞跃并不是件容易的事情。"纸上得来终觉浅,绝知此事要躬行。"其实,做好任何一件事情,都必须要下功夫。樱桃好吃树难栽,不下苦功得不来。只要下功夫,做到"知行合一",那么天下便无难事。

要珍惜那些容易得到的事物,不要因为东西来之容易就随意浪费。在生活中,人们往往都会对来之不易的东西十分珍惜,比如好不容易争得的名次,费尽心力追到的恋人,省吃俭用买来的房子,等等。而对于那些容易得到的东西便会不加珍惜,如日常生活中的普通用品,路旁随处可见的草木,大自然慷慨赐予的空气、水,等等。行为主义心理学认为,人们的行为都是养成的习惯,并且因奖惩机制而得到强化或削弱。人们总是学不会珍惜,本质上是因为"珍惜"这个行为和奖赏之间没有建立一种联结。越容易得到的东西,建立这种联结机制的可能性越弱。

俗话说:"进一步山穷水尽,退一步海阔天空。"生活由很多琐碎的小事组成,如果你用放大镜去看它们,几乎每件事情都能找到它不完美的地方。而你也会因此心存不快,久而久之,心情会郁闷至极。莫计较,多宽容。一个人对利益与得失不必多计较,否则,整天想着自己这个吃亏了,那个占便宜了,就会活得特别累。有些人为了蝇头小利斤斤计较,挖空心思到处算计,到头来还是竹篮打水一场空。学会转念,宽容别人,少一些苛责,如此便会心情大好,其实也是对自我的一种解放。

九十四

道路各别,养家一般①。从俭入奢易,从奢入俭难②。

〔注释〕

①"道路各别"二句:明代传奇《金雀记》第十出《守贞》:"(末)不请自来,真为可笑。(小丑)老荩你吃十方的,我吃二十方的。道路各别,养家一般。何故断人咽喉之路,(丑)兄不必如此说。酒肴颇有,任你吃就是。(小丑)此公有趣。四海之内,皆兄弟也。在家不会迎宾客,出外方知少主人。"各别,各有不同。养家,赡养家中之人。一般,一样,同样。

②"从俭入奢易"二句:宋代司马光《训俭示康》:"公叹曰:吾今日之俸,虽举家锦衣玉食,何患不能?顾人之常情,由俭入奢易,由奢入俭难。吾今日之俸岂能常有?身岂能常存?一旦异于今日,家人习奢已久,不能顿俭,必致失所。岂若吾居位去位,身存身亡,常如一日乎?"俭,节俭,不浪费。入,到,至。奢,奢侈,挥霍财物,过分追求享受。

〔译文〕

每个人所走的道路虽然各不相同,但是持家的方法、养家糊口的目的都是相同的。从俭朴到奢侈很容易,从奢侈再回到俭朴就很难了。

〔点评〕

　　人与人的生活理念不同,生活品位也有很大的差别,但是不管采取什么样的方式生活,都得遵循一些基本的养家道理,即生活宜俭不宜奢。俭朴是中华民族的传统美德,一个人也好,一个家庭也好,都应提倡节俭、朴素,反对奢侈浪费,即便生活水平提高了,也应注意俭朴。同样,节俭朴素对于一个民族、一个国家来讲,也是十分重要的。唐代诗人李商隐《咏史二首·其二》:"历览前贤国与家,成由勤俭破由奢。"意思是纵览历史,凡是贤明的国家,成功源于勤俭,衰败起于奢华。无论是贫穷的年代还是富裕的时代,我们都应当崇尚勤俭。从小的方面看是为了居家过日子,从大的方面看是为了节省国家资源,因此无论从哪个角度来讲,勤俭节约都是每个人一生需要保持的珍贵品格。

九十五

知音说与知音听①,不是知音莫与弹。

〔注释〕

　　①知音:知心,知己,即能赏识自己的人。《列子·汤问》:"伯牙善鼓琴,钟子期善听。伯牙鼓琴,志在高山,钟子期曰:'善哉,峨峨兮若泰山!'

志在流水,钟子期曰:'善哉,洋洋兮若江河!'"钟子期能够听懂俞伯牙的高雅音乐,故为知音之交。

〔译文〕

知心的话只能说给知心人来听;不是知音就别弹给他听。

〔点评〕

知心的话只能说给知心人来听;不是知音就别弹给他听。因为跟不是知音的人说知心话,会有两种可能:一是他根本不理解你在说什么,说了等于白说,简直就是"对牛弹琴";二是他会把你的心里话四处传播,弄得满城风雨。《论语·卫灵公》中载:"子曰:'可与言而不与之言,失人;不可与言而与之言,失言。'"意思是,孔子说:"可以跟他讲而不跟他讲,这是错失了能给自己带来帮助的人;不可以跟他讲而跟他讲,就是说了不该说的话。"也就是遇到知音而不跟他说真心话,便会失去知音;不是知音而跟他讲真心话,这是说了不该说的话。

人生贵相知,人生难得一知己。同知己、知心的人,可以无话不谈,那是因为相互之间非常了解,非常信任。但一个人在世上寻得一知己者是不容易的,一旦有了知心朋友,就应珍视彼此间的友谊,因为失去一个朋友容易,再想得到很难。

九十六

点石化为金①,人心犹未足。信了肚②,卖了屋。

〔注释〕

①点石化为金:即点石成金,原指一种道家仙术,用手指将石头点化成金子。汉代刘向《列仙传》:"许逊,南昌人。晋初为旌阳令,点石化金,以足逋赋。"后多比喻修改文字,化腐朽为神奇。也作"点铁成金"。宋代黄庭坚《答洪驹父书》:"古之为文章者,真能陶冶万物,虽取古人之陈言入于翰墨,如灵丹一粒,点铁成金也。"

②信了肚:听任饮食之欲。信,任意,听任。

〔译文〕

即使点石成金,人的欲望还是无法满足。随意大吃大喝,即便卖了房子也满足不了。

〔点评〕

人的欲望是无穷的,人心没有知足的时候,即使你有点石成金的本领,还是不会感到满足。翻看中国历史,我们常常会发现有些野心家,已经位高权重,甚至已经是一人之下、万人之上的权臣了,却仍要设法推翻最高统治者,如西汉末年的王莽、东汉末年的董卓、三国时的司马昭等,都是人心不知足的明证。"信了肚,卖了屋",则是用具体的例子来证明人心不足蛇吞象。肚子总是想吃好东西,如果你想彻底满足肚子的欲望,那么,即使你把居住的房子卖了,也无济于事。《渔夫与金鱼的故事》讲的就是人心不足的故事,本来在金鱼的帮助下,渔夫和他的妻子可以过上富足的生活,然而他的妻子却因为贪心惹恼了金鱼,最后又回到了一贫如洗的生活之中。贪婪金钱的人,永远不会满足,贪婪是一切罪恶的根源。贪婪既害人,也害己。《广谈助》中有一个故事,讲的就是一个人家境贫寒,尽管连香烛都买不起,但天天供奉道仙吕祖洞宾的神位。吕祖为他的虔诚而感动,便驾祥云,飘落在他家庭院中。吕祖见他家一贫如洗,心生怜悯,便伸出一根手指,指着院中的半截磨盘,"咄"的一声,石磨瞬间变成了黄金。吕祖问他:"这块黄金送给你,要不要?"这个人倒头就拜,连说:"不要,不要!"吕祖喜出望外,说:"你这般不爱钱财,可以传授给你真道。""不,不!"那个人支吾了半天,说:"我是想要你点金的这根手指头。"

九十七

谁人不爱子孙贤,谁人不爱千钟粟。奈五行,不是这般题目。莫把真心空计较,儿孙自有儿孙福[①]。

〔注释〕

①"谁人不爱子孙贤"五句:《全宋词》晦庵《满江红》:"谁不爱,黄金屋。谁不羡,千钟禄。奈五行不是,这般题目。枉费心神空计较,儿孙自有儿孙福。也不须、采药访神仙,惟寡欲。"《全宋词》注云:"此词或传朱熹作,朱熹云非。"千钟粟,指有很高俸禄的官位。钟是古代的一种容器,千钟粟是做官后朝廷给的大量的粮食俸禄。五行,木、火、土、金、水五种基本物质的运动特性与相互关系,汉代董仲舒又将其比作仁、义、礼、智、信五种德行。迷信也指人的命相,看先天八字中是否缺五行的项目,如缺项,就应该采取措施补救。计较,较量,争论。

〔译文〕

谁不喜欢自己的子孙后代贤能有出息,谁不希望得到高官厚禄,可是五行中并不包括这些。不要枉费心机白白谋划,儿孙自有他们自己的福气。

〔点评〕

在古代,人们对命运高度关注。古代哲学中"命运说"早在殷周时期已流行。从考古发掘中所见到的甲骨卜辞、彝器铭文,"受命于天"刻辞的不止一次出现,说明早在殷周时期,天命观就已经在人们的头脑里扎根了。《易经》:"乾道变化,各正性命。"对于这里的命,后人注释道:"命者,人所禀受,若贵贱夭寿之属也。"在古人的思想观念中,人们的富贵贫贱、吉凶祸福,以及死生寿夭、穷通得失,乃至科场中举、货殖营利,无一不取决于冥冥之中非人类自身所能把握的一种力量,即命运。子孙贤能,高官厚禄,是人人都向往的,但并不是每个人都能够得到的。求而不得,便让人慨叹命运和人生的无奈。

元代关汉卿杂剧《包待制三勘蝴蝶梦》:"儿孙自有儿孙福,莫为儿孙作远忧。"意思是儿孙们自有他们自己的福气,不要再费尽心思为他们的将来劳心伤神了。然而做父母的都疼爱孩子,总想为他们多考虑些,从小到大,事无巨细,考虑得十分周到。有的孩子已成家立业,父母还是放心不下。做父母的心情是可以理解的,但父母不能什么都替孩子筹划好,要相信孩子的自立能力,过于溺爱和包办只会带来不良的后果,同时也是一种枷锁。父母要学会对孩子放手,这样不仅有利于孩子的成长,也有利于经营好自己的生活。

九十八

与人不和,劝人养鹅①。与人不睦,劝人架屋②。

[注释]

①养鹅:鹅在古代被认为是一种吉祥的家禽,养鹅可以辟邪,因此,劝人养鹅是一种善意的举动。

②架屋:即建房。架屋是中国古代非常重要的建筑活动,会有许多吉祥的祈祷仪式,在这里也被视为善意行为。

〔译文〕

与人合不来,就劝其养鹅,这样他就知道争吵的烦恼了;跟人不和睦,就劝其建造房屋,这样他就知道协作的重要了。

〔点评〕

人与人之间要和睦相处。"以和为贵"是中华民族的优良传统,同时也是一种人生智慧。邻里之间应以和为贵,即使有了矛盾,也应多检点自己,严于律己,宽以待人,切莫因一点小矛盾就伤了和气。有这样一个故事,讲的是三个法师行路,途中口渴,遇一深水潭,只有一把柄很长的瓢,自己打得了水上来,但因柄太长,自己喝不到水。但三人一起合作,我打水伸到你嘴边你喝,你打水伸到我嘴边我喝。于是,大家都有水喝了。所谓的以和为贵、万事顺便就是这个道理。三个和尚的故事也是同样的道理。劝人养鹅,其实是让人听鹅的争吵声,明白自己争吵也是如此的聒噪。盖房子不是一两个人可以完成的,需要亲朋好友共同帮忙,因此建造房屋的时候,就会感受到和睦相处的重要性了。

九十九

但行好事,莫问前程[①]。不交僧道[②],便是好人。

〔注释〕

①"但行好事"二句：唐代冯道《天道》："穷达皆由命，何劳发叹声。但知行好事，莫要问前程。"前程，做官或者成名的前途。

②僧道：僧人与道士，僧人是佛教徒，道士是道教徒。

〔译文〕

只要多做好事就行了，不要问自己的前程如何。不与僧人、道士交往，就是好人。

〔点评〕

一个人只管去做好事，不管它是否会给自己带来好处，这是一种很高的思想境界。一个人生活在世上应该多做好事，多做有益于社会、有益于人民的好事。做好事，不仅能够给他人带来幸福与欢乐，同时也会使自己从中得到愉悦。如《荀子·宥坐》："为善者天报之以福，为不善者天报之以祸。"君子做好事只是出于道义，从来不计较个人得失，而社会上那些欺诈行恶的小人却不管做什么事情都趋利避害。所谓道不同，不相为谋，行事光明磊落的君子从不愿与心理阴暗的小人为伍。然而如果思想境界不够，只是一味付出，不求回报，终究会导致心理失衡，因此对于处理付出与回报的关系还是要辩证地去对待。

一〇〇

河狭水紧,人急计生①。明知山有虎,莫向虎山行②。路不行不到,事不为不成③。人不劝不善④,钟不打不鸣⑤。

〔注释〕

①"河狭水紧"二句:元代徐田臣《杀狗记》第二十九出《院君回话》:"河狭水急,人急计生。奴家为因丈夫背义疏亲,不从劝解,奴施一计,他如今去叫两个乔人来移尸,想他必不肯来。"

②"明知山有虎"二句:元代施惠《拜月亭记》第二十二出:"呀!你明知山有虎,偏向虎山行。好好丢下财宝,饶你性命!"

③"路不行不到"二句:《荀子·修身》:"道虽迩,不行不至;事虽小,不为不成。"为,做。

④劝:鼓励,勉励。

⑤鸣:发出声音。

〔译文〕

河道窄了,水流自然就会湍急;人处在危急时刻,自然就会想出计谋来。明明知道山中有猛虎,就不要再上山了。有路不走就到达不了目的地,事情不去做就不可能成功。人不经过劝化就不会行善,钟不去敲打就不会响。

〔点评〕

  人遇到紧急情况时,往往会急中生智,想出摆脱困境、险境的办法,展现出非凡的才能。这是由于人在紧急情况下,出于自我保护,大脑会瞬时高度集中思维,调动以往各种经验、知识储备,以解决燃眉之急,"急中生智""置之死地而后生"指的都是这个意思。

  "趋利避害"是人的本能。一个人做事情要理智,知道山中有猛虎,就不要上山,以免造成不必要的损失,这是明智的选择。但是还有一句话"不入虎穴,焉得虎子",有时为了克服艰难险阻,也应"明知山有虎,偏向虎山行"。

  凡事只有努力去做,才能成功。光说不做是无济于事的,到头来只能是一事无成。"知之者不如行之者""为者常成,行者常至"便是如此。道路虽然很近,不走的话也达不了目的地;事情虽然简单,但是不去做也不会成功。

  一个人在成长过程中,需要有人扶持、指导、帮助。俗语说:"一个篱笆三个桩,一个好汉三个帮。"朋友之间应相互关心、相互帮助,共同成长。

一〇一

无钱方断酒①,临老始看经②。点塔七层③,不如暗处一灯。

〔注释〕

①方:才。
②经:这里指佛经一类的书籍。
③点塔:佛教徒为了表示虔诚,在佛塔上点灯供奉。

〔译文〕

没有钱了才想到戒酒,年纪老了才开始读经书。把七层宝塔的灯都点亮,不如在黑暗处点亮一盏灯。

〔点评〕

做事要有前瞻性,不要事到临头才采取措施。酷爱喝酒的人常常把大量的金钱花在喝酒上,等到某一天把钱花光了,才想到要戒酒,就太晚了,因为你已经没有钱了,不光再也没有钱来买酒,连吃饭穿衣的钱都没有了。同样,学习也要趁早。数学家苏步青曾说:"为学应须毕生力,攀高贵在少年时。"这句话旨在告诉人们不要等事情到了无可挽救的地步才想去弥补,那时已经晚了。生活中有些人做事情总爱一意孤行,死钻牛角尖,听不得别人的劝告,等到事情已经到了无可挽回的地步,他才明白过来,可是此时要想补救已经来不及了。

做事情要做到关键处,锦上添花不如雪中送炭。要急人所急,帮人所需,多做雪中送炭的事情。把七层高的佛塔都点上灯,灯火辉煌,固然十分好看,但不如在黑暗的地方点上一盏灯供人们照明。当一个人处于困境时,一句问候,一句安慰,都显得弥足珍贵,雪中送炭远比锦上添花更为珍贵。

一〇二

万事劝人休瞒昧,举头三尺有神明①。但存方寸地,留与子孙耕②。灭却心头火,剔起佛前灯③。

〔注释〕

①"万事劝人休瞒昧"二句:元代刘唐卿戏文《白兔记》第三出《报社》:"凡事劝人休碌碌,举头三尺有神明。"元代高明《琵琶记》第二十七出《感格坟成》:"(丑)万事劝人休碌碌,(合)举头三尺有神明。"瞒昧,隐瞒欺骗。神明,神灵。

②"但存方寸地"二句:此联作者众说纷纭。《宋诗话辑佚·王直方诗话》中记载:"张嘉甫云,余少年见人诵一诗,所谓'但存方寸地,留与子孙耕',不知何人语。元符三年,过毗陵汪迪家,出所藏水部贺公手书,乃知

此诗贺所作,世俗以为他人,非也。"又载:"贺天圣中为郎,真宗东封,谒于道左。"罗大经《鹤林玉露》以为这两句为俗语,俞文豹《唾玉集》把它看作贺知章诗,《七修类稿》把这当作宋贺仙翁诗。据考证皆误。但,且、一定。方寸地,方寸大小的土地,指特别小的土地。

③"灭却心头火"二句:元代高明《琵琶记》第三十四出《寺中遗像》:"好人成佛是菩萨,恶人做鬼做罗刹。第一灭却心头火,心头火。第二解开眉间锁,眉间锁。第三点起佛前灯,佛前灯。"灭却,熄掉,消除。心头火,欲望。剔,挑。

〔译文〕

凡事奉劝人们不要欺瞒别人,头顶上有神灵监视着你。要存下方寸大小的田地,留给子孙们耕种。要熄灭心头的种种欲火,挑亮佛像前的灯光。

〔点评〕

"举头三尺有神明"是种迷信说法,不可信。但劝人不要做昧良心的事,不要做坏事,不要做自欺欺人的事,却是一种善意的提醒。做了坏事,又想隐瞒是办不到的。虽然没有神灵察看,但若要人不知,除非己莫为。做了坏事,总要留下痕迹,总要露馅。因此,一个人要慎独,要善于把握自己,严格要求自己,任何时候都要走正道。《礼记》中说:"君子戒慎乎其所不睹,恐惧乎其所不闻。莫见乎隐,莫显乎微。故君子慎其独也。"所谓"平生不做亏心事,半夜不怕鬼敲门""若要人不知,除非己莫为"都是此意。其实,"神明"就是良心或者道德天平,每个人的所作所为都应该对此负责。

做事情要留有余地,要顾及子孙,这在一定意义上体现了可持续发展的思想。在农业社会,有土地就意味着可以较好地存活下去。《管子·土地》:"地者,万物之本原,诸生之根菀也。"每一代人都不能只考虑自身需要和眼前利益,一定要为子孙后人留下可利用的空间,我们不能去做断了子孙生路的事情。

人总会有七情六欲,因此要学会修身养性。欲望太多,便会令人身心难安,早晚会遭遇各种困厄。在平常生活中就应注意修身养性,修炼清静无为之心。儒、释、道之说都可以为人们修身养性提供各种参考。

一〇三

惺惺常不足①,懞懞作公卿②。

〔注释〕

①惺惺:聪慧的样子,聪明的人。宋代曾布《曾公遗录》:"(皇子)虽三岁,未能行,然能语言,极惺惺。"有俗语"惺惺惜惺惺",比喻志同道合者以及境遇相同的人相互爱惜、同情。

②懞懞:昏昧无知,糊里糊涂,不明事理。公卿:三公九卿的简称,泛指朝廷中的高官。

〔译文〕

聪明的人常常意识到自己的不足,稀里糊涂的人把自己看作公卿。

〔点评〕

人要有自知之明,要正视自己,也要正视他人。聪明人与糊涂人的区别在于是否有自知之明,聪明者自知,具有较强的反省能力,能够意识到自己的不足,并不断改进,自我完善;糊涂者妄想,不知天高地厚,把自己想象得像公卿王侯一样。

一〇四

众星朗朗,不如孤月独明①。

〔注释〕

①"众星朗朗"二句:《淮南子·说林训》:"百星之明,不如一月之光;十牖之开,不如一户之明。"元代马致远杂剧《西华山陈抟高卧》第一折:"兀那明朗群星虽盛,怎如的孤月偏明。"朗朗,明亮的样子。

〔译文〕

众多的星星再耀眼,也比不上一个月亮明亮。

〔点评〕

　　事物不在于多而在于精,数量多不如质量高。"千军易得,一将难求",千军容易得到,但是领军人物却很少。如《三国演义》中水镜先生司马徽就曾预言:"卧龙凤雏得一可治天下。"在诸葛亮这位稀世之才的辅佐下,刘备的势力由弱变强,终于有了可以和曹操、孙权相抗衡的资本。

一〇五

　　兄弟相害,不如友生①。合理可作②,小利莫争。

〔注释〕

　　①"兄弟相害"二句:《诗经·小雅·常棣》:"丧乱既平,既安且宁。虽有兄弟,不如友生。"友生,即朋友。
　　②合理:合乎情理的事情。

〔译文〕

　　兄弟间若互相残害,还不如朋友。合乎情理的事情可以做,蝇头小利就不要去争夺了。

〔点评〕

　　兄友弟恭,是人伦之道。兄弟是基于血缘的人伦关系,本应互帮互助。但是有时候在利益面前,为了一己之利,同室操戈,相互残害的事情也是有的,多半发生在高墙大院里。翻阅史料,我们便会发现,五代十国的南汉中宗刘晟,为人十分多疑和残暴,从其即位当年到去世前三年的十二年里,竟然杀掉十五个兄弟。当然,历史上兄弟友爱的事例也是很多的。如伯夷、叔齐互让孤竹国君的故事,《史记》记载:"伯夷、叔齐,孤竹君之二子也。父欲立叔齐,及父卒,叔齐让伯夷。伯夷曰:'父命也。'遂逃去。叔齐亦不肯立而逃之。国人立其中子。"还有"泰伯奔吴"的故事,讲的也是兄弟之间互相谦让的事情。"打虎亲兄弟,上阵父子兵",兄弟之情血浓于水,同气连枝,如果兄弟之间不能够互相帮助,还不如朋友。人们常把朋友至交的亲密关系形容为情同手足,可见手足之情在人们心目中占据着重要位置。

为人做事一定要有原则,千万莫贪蝇头小利。《庄子·则阳》中有一则寓言:有一个国家位于蜗牛的左角,称作触氏;有一个国家位于蜗牛的右角,称作蛮氏,他们经常为了争夺土地而打仗,损失惨重,死伤数万。这个寓言比喻为了极小的利益而引起大的争执。贪图小便宜是大部分人的本性,相信你逛街遇到促销活动时也会心动。人往往在遇到有利可图时会本能地被激发出购物欲,经常会图便宜而买回来一些无用的东西,最后直到放坏也没有派上用场。细心观察不难发现,在生活中能够取得成功的优秀人士,多数属于目光长远,不易被左右的人,这样的人不贪图蝇头小利,而是有自己的规划。正所谓是捡了芝麻丢西瓜,一个人不能够因为一些蝇头小利就丧失了自我,而变得越来越功利,相反那些眼光长远,不为蝇头小利而折腰的人,往往可以顺顺利利地收获更大的财富。

一〇六

牡丹花好空入目,枣花虽微结实成①。

〔注释〕

①"牡丹花好空入目"二句:宋代王溥《咏牡丹》:"枣花至小能成实,桑叶虽柔解吐丝。堪笑牡丹如斗大,不成一事又空枝。"空入目,只能供人欣赏。

〔译文〕

牡丹花虽然美丽,但是只能供人观赏;枣花虽然很小,却能结出果实来。

〔点评〕

有时候非常美丽的东西,常常华而不实。如牡丹花虽然美丽,但是只能用来观赏,枣花与之比起来,虽然没有什么出众之处,但是却能结出甜甜的果实给人品尝。所以,枣花在美丽的牡丹面前无须自卑、无须觉得自己不如人,因为谁都有自己的闪光点。"尺有所短,寸有所长",不同事物有不同的特点和功用。人也一样,外表俏丽固然很好,但是如果没有令人羡慕的好容貌也无须自卑,生命的美丽与精彩在于它实实在在的价值,在于它对社会的贡献,外表的美丽与之相比,则是非常次要、虚浮的东西。

一〇七

欺老莫欺少,欺人心不明①。

〔注释〕

①不明:不明事理。

〔译文〕

宁可欺负老年人,也不要欺负年轻人,欺负年轻人就是不明事理。

〔点评〕

为什么说欺老不欺少呢?原因有二:一是年纪越大的心思越复杂,而年轻人比较单纯,所以欺负年轻人有点良心不安;二是年轻人前途远大,说不定将来成龙变虎,再来复仇就麻烦了。后生可畏,所以不要轻易欺负年轻人。其实老少都不应该欺负,尊老爱幼是中华民族的传统美德,应与人为善,要尊老爱幼,不要以强凌弱,仗势欺人。那些动辄打人骂人、横行乡里的作恶之徒,是社会的害群之马,早晚会受到法律的制裁。不欺人、不自欺是每个人的行为准则。

一〇八

随分耕锄收地利①,他时饱暖谢苍天②。

〔注释〕

①随分:依据本性。这里指根据农时的变化。地利:对农业生产有利的土地条件,这里指收成。
②他:其他的,另外的。苍天:天,古代认为苍天是主宰人生的神。

〔译文〕

按照农时来种植收获庄稼,吃饱穿暖的时候别忘了感谢苍天的保佑。

〔点评〕

中国古代社会是农业社会,吃的粮食,穿的棉布,都是通过种地而获得的。土地和粮食是农业社会的根基,而种地则依赖气候条件,风调雨顺,庄稼丰收,人们就会丰衣足食;大旱大涝,风灾虫灾,粮食歉收,人们就会逃荒要饭。人们无法抵抗自然灾害,把自然力视为神的力量。所以天大旱了,就向苍天祈求降雨;天涝了,就祈求苍天放晴日出。古人年年都会祭祀苍天,希望能获得老天爷的保佑。位于北京天安门西的社稷坛,为明清两代祭祀社、稷神祇的祭坛。尽管今人已经对自然科学有了充分的认知,但是这种感恩的思想仍然值得我们去传承。

一〇九

得忍且忍,得耐且耐。不忍不耐,小事成大[①]。

〔注释〕

①"得忍且忍"四句:宋代陈耆卿《赤城志·戒忿争》:"俗语云:'得忍且忍,得戒且戒。不忍不戒,小事成大。'试观今人忿争致讼,以致亡身及亲,破家荡业者,其初亦岂有大故哉?被人少有所击触,则必忿;被人少有所侵凌,则必争。不能忍也,则詈人而人亦詈之,殴人而人亦殴之,讼人而人亦讼之,相怨相仇,各务相胜。"元代郑廷玉杂剧《布袋和尚忍字记》第一折:"(布袋云)刘均佐,……你得忍且忍,得耐且耐,不忍不耐,小事成大。"元代吴亮《忍经》:"得忍且忍,得诫且诫,不忍不诫,小事成大。"

〔译文〕

能忍就忍,能耐得住就要耐得住。不忍下不耐住,就会把小事弄成大事。

[点评]

俗话说：小不忍则乱大谋。一个人想要干大事，就不能太计较眼前得失，要能伸能屈。忍耐并不意味着忍气吞声，胆小怕事，软弱可欺。忍耐，是一种品格，是一种明晓事理、乐观豁达的人生态度。忍耐，主要是一个人通达事理、顾全大局的修养，同时也是正确处理人际关系的表现。历史上许多名人都是因为懂得忍耐，最终走向了成功。比如张良曾忍气为一位陌生老者数次捡鞋穿鞋，韩信曾受胯下之辱等等。与之相反，那些不能忍一时之气的人，则常常成为失败者。所以，大到争夺天下，小到家庭琐事，我们都要学会忍耐。当然，忍耐也要讲究原则，在大是大非面前，就不能忍耐，"该出手时就出手"。

一一〇

相论逞英豪①，家计渐渐退②。贤妇令夫贵③，恶妇令夫败。一人有庆，兆民咸赖④。

[注释]

①相论：相互攀比，相互争斗。逞：逞能，逞强。

②家计:养家之道。

③贤:有品德或才能。妇:妻子。

④"一人有庆"二句:《尚书·吕刑》:"一人有庆,兆民赖之,其宁惟永。"庆,喜庆、福庆,这里指成功。兆,古代计数单位。兆民,众民,百姓。咸,都,全。赖,依靠。

〔译文〕

彼此间相互争论,相互逞能,家道就会逐渐衰落下去。贤惠的妻子可以让丈夫变得富贵,不贤惠的妻子则会使丈夫一败涂地。天子优秀有作为,广大民众都可以获得依赖。

〔点评〕

做人不要逞能。过日子要保持勤劳、节俭的好习惯,不要只耍嘴皮子,更不要比富、斗富。有的人喜欢争强斗狠、互相夸耀,这也是一部分人的劣根性,他们最终也会为此付出惨重的代价:家产败光或是招来横祸。如西晋的大臣石崇曾经和王恺相互攀比谁更奢侈,王恺用麦糖洗锅,他就用白蜡作柴;王恺用紫色丝绸作锦步障四十里,他就用织锦作步障六十里。石崇的富贵在当时比得过四豪,豪华盖得过五侯。这些巨额财富致使石崇后来被赵王司马伦所杀,他的母亲、哥哥和妻子儿女也都惨死。

妻子贤惠也是非常重要的。一个贤惠的妻子顾全大局,识大体,懂得为丈夫分忧,对丈夫的事业能够起到很大的助力作用。不贤惠的妻子则只顾眼前利益,贪图一时之快,不仅不会帮到丈夫,还会败坏丈夫的事业。一个最典型的例子就是秦桧的妻子王夫人撺掇秦桧杀死岳飞,使秦桧成为千古罪人。每一位成功的男人背后都有一位贤内助,古今中外贤惠妻子扶持丈夫成功的例子不胜枚举,如唐太宗李世民的长孙皇后和明太祖朱元璋的马皇后,她们都贤惠有德,深明大义,为清明政治、稳定社会起了积极作用。

对于一个家庭,一个国家而言,杰出人物具有带头作用。《傅子·安民》:"仁人在位,常为天下所归者,无他,善为天下兴利而已矣。"带头人的作用就像领头雁一样,十分重要。一个好的带头人可以让大家都跟着受益,一个不好的带头人则会让大家跟着遭殃。"为官一任,造福一方""一个能人救活一个企业",其实讲的都是带头人的重要性。

———一一一———

人老心不老,身贫志不穷①。人无千日好,花无百日红②。

〔注释〕

①"人老心不老"二句:唐代王勃《滕王阁序》:"老当益壮,宁移白首之心;穷且益坚,不坠青云之志。"元代关汉卿杂剧《山神庙裴度还带》第一折:"小生我虽居贫贱,我身贫志不贫。"穷,尽,完。

②"人无千日好"二句：元代杨文奎《儿女团圆》楔子："人无千日好，花无百日红。早时不算计，过后一场空。"千日好，指一直顺利。"花无百日红"，也见于宋代岳珂《玉楮集·紫薇花》："最怜耐久堪承露，谁道花无百日红。"

〔译文〕

人的身体虽然衰老了，但心灵不能老；人在物质上虽然贫穷，但志气不能缺少。人不可能总是一帆风顺，花也不可能保持百日鲜红。

〔点评〕

人应该自强不息，其志向和追求不应被外界环境或客观条件所左右。身体衰老是自然规律，无法抗拒，而心理状态却可以自由把握。人可以变老，但志向和追求不能变老，应该始终保持年轻时的状态。一个人进入老年，通常会变得没有追求，只想着安度晚年。其实，年纪大了，在身体允许的条件下仍然可以做一些力所能及且有意义的事情。《论语·述而》中记载："叶公问孔子于子路，子路不对。子曰：'女奚不曰，其为人也，发愤忘食，乐以忘忧，不知老之将至云尔。'"圣人孔子就算到了晚年，在教授学生的同时，还从事教育和古籍整理工作，为中国文化的发展做出了重要的贡献。

"人穷志短"说的是一个人的志向因为处境困难而改变，其实人应该"人穷志不穷"。毕竟一个人所处的环境总是在不断地变化，不可能永远一帆风顺，其实这都是正常的现象，就像

"花无百日红",人也"无千日好"。《论语·卫灵公》记载孔子"君子固穷,小人穷斯滥矣",说的是君子在面临困窘的时候,仍然会坚守原则,而小人则会胡作非为。

"老骥伏枥,志在千里,烈士暮年,壮心不已""莫道桑榆晚,为霞尚满天",这些诗句都说明人虽然老了,但仍然要保持良好的精神状态。老了也应有所作为,做些力所能及的事。人可以穷,但是志不能短,应穷且益坚,不失青云之志。苦难是人生的老师,即使在贫困、艰苦的条件下,我们也应该顽强地去奋斗、拼搏。

一一二

杀人可恕,情理难容①。

[注释]

①"杀人可恕"二句:《五灯会元》:"问:'如何是道?'师曰:'放汝三十棒。'曰:'为甚么如此?'师曰:'杀人可恕,无礼难容。'"恕,饶恕,宽恕。

[译文]

即使杀人的理由可以宽恕,但是在情理上也是让人难以容忍的。

〔点评〕

无论何种理由杀人,在情理上都是让人难以容忍的。杀人偿命,欠债还钱,天经地义之事,对于杀人者必须予以严惩,否则将会无法约束和惩罚那些犯罪之人。毕竟无论何时遵纪守法是每个公民的义务,否则社会将无法安定,百姓无法安居乐业。

一一三

乍富不知新受用①,乍贫难改旧家风②。座上客常满,杯中酒不空③。屋漏更遭连夜雨,行船又被打头风④。笋因落箨方成竹⑤,鱼为奔波始化龙⑥。记得少年骑竹马,转眼又是白头翁⑦。

〔注释〕

①乍:刚刚,突然。受用:享受,享用。

②家风:家庭或家族的传统风尚或作风。

③"座上客常满"二句:南朝宋范晔《后汉书》卷七十《郑孔荀列传》:"(孔融)性宽容少忌,好士,喜诱益后进。及退闲职,宾客日盈其门。常叹曰:'座上客恒满,樽中酒不空,吾无忧矣。'"

④"屋漏更遭连夜雨"二句:元代高明《琵琶记》第二十三出《代尝汤

药》:"屋漏更遭连夜雨,船迟又被打头风。奴家自从婆婆死后,万千狼狈;谁知公公病又将危。如今赎得些药,已煎在此,不免再安排一口粥汤。"连夜雨,形容阴雨连绵。打头风,迎头大风,逆风,迎面刮来的风。

⑤箨(tuò):竹笋一层一层的外皮。

⑥为:因为。

⑦"记得少年骑竹马"二句:宋元戏文《张协状元》第四十八出:"记得少年骑竹马,看看又做白头翁。"竹马,儿童游戏时当马骑坐的竹竿。《后汉书·郭伋传》:"始至行部,到西河美稷,有童儿数百,各骑竹马,道次迎拜。"唐代李白在《长干行》中有言:"郎骑竹马来,绕床弄青梅。同居长干里,两小无嫌猜。"白头翁,指白发苍苍的老人。唐代王昌龄《题霸池》其二:"借问白头翁,垂纶几年也?"

[译文]

刚刚暴富起来,往往一时不知道如何享用;突然贫穷下来,往往一时难以改变过去优裕的生活方式。家里经常宾朋满座,杯中的美酒从来都没有空过。房屋本来就漏,却又遇到连夜大雨;行船本来就困难,偏又遇到了迎头大风。笋因为外皮脱落才成为竹子,鱼只有长途奔波后才能变成龙。还记得小时候一起骑竹马的情景,转眼再看都已成了白发老翁。

[点评]

生活方式的转变需要有个过程。习惯了贫困生活,一下子富裕起来,就会感到各种不适应,在一段时间里仍然会保持着原有的生活习惯。反之,一个人由富裕变为贫穷之后,生活习惯也很难一下子改变。其实,生活方式的转变,首先要转变思想观念,然后要转变消费观念,改变生活习惯和交际方式。当然,这些转变都需要有一个过程,有一段适应期。毕竟"由俭入奢易,由奢入俭难"。一个富家子弟,突然间身无分文,却仍要摆谱,这只能让他债台高筑,永无东山再起的机会。穷日子穷过,富日子富过,无论何时何地都保持一颗平常心才算真的有本事。

孔融感慨:"座上客恒满,樽中酒不空。"这是一种理想的状态:人缘好,人脉广,物质生活富足。但是人生不如意十之八九,人在倒霉的时候,往往倒霉之事接踵而至,事事不顺利,处处遇麻烦。"福无双至,祸不单行。"对于一般人而言,便会自认命苦,从此灰心丧气,一蹶不振;而对于那些意志坚强的人来说,则会把它看作是考验自己、磨炼自己的机会。如孔子周游列国十几年,历经坎坷,但是他却始终坚持着自己的原则,并保持乐观的心态,从未因此改变过自己的信念。一个人在人生至暗的情况下,更要调整心态,勇敢面对,迎接重重考验,奋力前行,改变命运,等待柳暗花明的时刻。

历经磨难方得成功。要想取得成功必须付出艰苦的努力,正如笋因为不断掉皮、自我更新才长成苍劲翠竹,鱼不怕奔波劳累跃过"龙门",才可能成龙。尽管这个过程中充满了苦痛,但是这种积极向上的精神力量,却给人以指引和动力。

人生是短促的,时光如同流水一般,好像昨天还是一个小孩儿,骑着竹马同小伙伴们一起玩耍,今天就变成了一个白发老翁。此情此景,令人不禁感慨万千。唐代杜甫《赠卫八处士》:"人生不相见,动如参与商。今夕复何夕,共此灯烛光。少壮能几时?鬓发各已苍。访旧半为鬼,惊呼热中肠。焉知二十载,重上君子堂。昔别君未婚,儿女忽成行。怡然敬父执,问我来何方?问答乃未已,驱儿罗酒浆。夜雨剪春韭,新炊间黄粱。主称会面难,一举累十觞。十觞亦不醉,感子故意长。明日隔山岳,世事两茫茫。"时光飞逝,物是人非。因此要珍惜时间,不要虚度光阴,庸庸碌碌地混过一生。

一一四

礼义生于富足,盗贼出于贫穷①。

〔注释〕

①"礼义生于富足"二句:汉代王符《潜夫论·爱日》:"是故礼义生于富足,盗窃起于贫穷,富足生于宽暇,贫穷起于无日。"礼义,同"礼仪",指礼节和仪式。生,产生。富足,财物丰富充足。

〔译文〕

礼义之道产生于富足的生活,盗贼则产生于贫穷。

〔点评〕

物质决定精神,只有解决了基本的物质生活需要,然后才可能讲究礼仪道德。《管子·牧民》:"仓廪实而知礼节,衣食足而知荣辱。"讲的是生活条件的好坏对一个人的影响是非常大的。只有粮仓充足,丰衣足食,百姓才能够顾及礼仪,重视荣誉和耻辱。一个人衣食无忧才会懂得礼义,如果每天缺吃少喝,就有可能迫于生计沦为盗贼。从某种程度上讲,这种观点是有一定道理的。同时,这种观点也不完全对,因为仅仅以物质生活的贫困来推断人品的好坏,难免有些片面。品行高尚的人,即使生活陷于贫困,也不会去偷盗;品行低劣的人,不管贫困与否,都会去侵占别人的利益。《论语》中记载了孔子对颜回的评价:"一箪食,一瓢饮,居陋巷,人不堪其忧,回也不改其乐。贤哉,回也!"后来人们为了追念颜回这种贫贱不改志向的德行,将他居住的街称为"陋巷街",将颜回当年吃水的井叫作"陋巷井",还在井上修建了"颜乐"亭。

一一五

天上众星皆拱北,世间无水不朝东①。

〔注释〕

①"天上众星皆拱北"二句:元代李好古《张生煮海》第一折:"(金盏儿)家住在碧云空,绿波中,有披鳞带角相随从,深居富贵水晶宫。我便是海中龙氏女,胜似那天上许飞琼。岂不知众星皆拱北,无水不朝东?"拱

北,环绕北斗星。《论语·为政》:"子曰:'为政以德,譬如北辰居其所而众星共之。'"

〔译文〕

天上的星星都围绕着北极星而旋转,世间的水都向东边流去。

〔点评〕

世间万事万物都有自己的规律,不是人力所能够改变的。北极星,也称北辰,古人把北极星视为最尊贵的星,认为它是天的中心。我国的地势西高东低,而水的流动规律就是从高向低流,所以众多河流都是从西向东流。这两句表面上说的是自然现象,但喻义却十分明显,说的是万事万物都有自己活动的规律。

一一六

君子安贫,达人知命①。

〔注释〕

①"君子安贫"二句:唐代王勃《滕王阁序》:"所赖君子安贫,达人知命。老当益壮,宁移白首之心;穷且益坚,不坠青云之志。"君子安贫,一作"君子安平"。

〔译文〕

君子能够安分守己于贫困,通达之人知晓天命。

〔点评〕

安分守己,达观知命。君子因为安贫乐道,所以不会为私利改变志向,不会去做苟且之事;达人因为深信一切都由命运决定,所以随遇而安,不固执,不计较,以豁达的态度对待生活中发生的一切。安贫乐道,是古代读书人的一种追求。如陶渊明在《五柳先生传》中所描写的五柳先生:"环堵萧然,不蔽风日;短褐穿结,箪瓢屡空,晏如也。常著文章自娱,颇示己志。忘怀得失,以此自终。"一个通达的人了解自然规律和社会规律,并顺应这些规律积极地面对生活中的各种情况,这才是积极的行为方式。

一一七

忠言逆耳利于行,良药苦口利于病①。顺天者存,逆天者亡②。人为财死,鸟为食亡③。

〔注释〕

①"忠言逆耳利于行"二句:《孔子家语·六本》:"孔子曰:'良药苦于

口而利于病,忠言逆于耳而利于行。'"汉代司马迁《史记·留侯世家》:"忠言逆耳利于行,毒药苦口利于病。"东汉班固《汉书·刘安传》:"毒药苦口利病,忠言逆耳利行。"晋代陈寿《三国志·吴书·孙奋传》:"良药苦口,唯疾者能甘之;忠言逆耳,唯达者能受之。"

②"顺天者存"二句:《孟子·离娄上》:"天下有道,小德役大德,小贤役大贤;天下无道,小役大,弱役强。斯二者,天也。顺天者存,逆天者亡。"天,此处指宇宙中万物运行的规律,也指自然界。逆,抵触,不顺从。

③"人为财死"二句:《梦笔生花·杭州俗语杂对》:"兵来将挡,水来土掩;人为财死,鸟为食亡。"《吴越春秋·勾践阴谋传》:"大夫种曰:'臣闻高飞之鸟,死于美食。'"

〔译文〕

忠言虽然不好听,却有益于行动;良药虽然喝起来很苦,却有利于治病。顺从天意者就可以生存下来,违背天意者必然会灭亡。人为谋取钱财而死,鸟为寻找食物而亡。

〔点评〕

要善于听取他人的意见,尽管忠诚的劝告往往都不好听,有时甚至会让人极不舒服。在现实生活中,人们都喜欢听赞美之词,对于批评的话都是非常排斥的。如荒淫无道的商纣王,皇叔比干劝他改正错误,竟被他剖心杀害了。当然也有人虚心地接受劝告,如唐太宗面对大臣魏徵多次不留情面地指出的一些错误,他能够虚心纳谏,最终留下了千古美名。

事物的发展和消亡都有其规律,顺应历史潮流的事物能生存发展,违背历史潮流的事物必然归于消亡。《孟子·离娄上》:"孟子曰:'天下有道,小德役大德,小贤役大贤;天下无道,小役大,弱役强。斯二者,天也。顺天者存,逆天者亡。'"遵循规律做事是取得成功的关键,违反规律做事必然会走向失败。

人为谋取钱财而死,鸟为寻找食物而亡。人和鸟都为了生存而竭尽全力,甚至牺牲生命。尽管追求财富是人的本性,但是不能把财富当成人生的唯一目标或最高追求。毕竟人和动物不同,除了物质,人们还应追求各种情感上的满足和精神上的享受。"君子爱财,取之有道",以正当的途径获取钱财是可取的,这样的才不会招致杀身之祸。

一一八

夫妻相好和,琴瑟与笙簧①。有儿穷不久,无子富不长。

〔注释〕

①"夫妻相好和"二句:《诗经·小雅·常棣》:"妻子好合,如鼓琴瑟。"《诗经·周南·关雎》:"窈窕淑女,琴瑟友之。"元代朱廷玉套数《痴迷》:"调和琴瑟奏笙簧,意相投两下无妨。"琴瑟(sè),两种弦乐器,也比喻夫妻和乐。笙(shēng)簧(huáng),管乐器,簧为笙中发音薄片。

〔译文〕

夫妻之间和和美美,就像琴瑟与笙簧一样音韵和谐。有了儿子,贫穷就不会长久;没有儿子,富贵也不会长久。

〔点评〕

夫妻关系和谐,是一个人幸福的保障,也是家庭和谐、社会稳定的力量。人们心目中最理想的婚姻状态:琴瑟和谐、夫唱妇随、举案齐眉。夫妻之间要和美,就应该默契配合,要互敬、互爱、互让、互谅。如黄梅戏《天仙配》之所以常唱不衰,保持着长久的生命力,在很大程度上是因为董永和七仙女之间质朴纯真、不掺杂任何功利色彩的爱情故事。

中国古代的家庭很重视后嗣,重视子承父业。古人思想受局限,认为儿子可以传宗接代,继承香火,而女儿则是外姓人,早晚都是别人家的人。古代重男轻女的思想盛行,在人们头脑中已经根深蒂固;古人认为"不孝有三,无后为大",哪家有儿子,就有了继承人,就可以兴家,就可以变穷为富;否则的话,没有儿子就相当于断了香火,财产无人继承,这个家庭也就衰落了。

一一九

善必寿考①,恶必早亡。爽口食多偏作病,快心事过恐生殃②。

〔注释〕

①考：老，年纪大。
②"爽口食多偏作病"二句：北宋邵雍《养生诗》："爽口物多终作疾，快心事过辄为殃。与其病后能求药，不若病前能自防。"爽口，清爽可口。殃，灾殃，灾祸。

〔译文〕

积善崇德必然健康长寿，常做坏事必然会早死。爽口的美食吃得太多反而会生病，高兴的事过了头恐怕要出祸患。

〔点评〕

善人必然长寿，恶人必然短命。这种观念，一方面表明了人们对行善积德之人美好的祝愿，另一方面也表明了对为非作歹之人的深恶痛绝，其最终目的是劝人行善。行善积德不仅能解人危难，而且关键时刻自己也会得到丰厚的回报。如门客冯谖为孟尝君办了一件大善事，从而使他赢得了民心。关于人的德行与寿命长短的关系，《论语·雍也》："伯牛有疾，子问之，自牖执其手，曰：'亡之，命矣夫！斯人也而有斯疾也！斯人也而有斯疾也！'"寿命的长短与自身的身体状况和后天的保养有关，与善恶之间并不存在必然的关系。

老子说过"福兮祸之所倚，祸兮福之所伏"，祸福在很多情况下是相伴而生的。做任何事情都要适度，过度就会造成负面效果甚至灾祸。比如人们都喜欢吃美味的食品,但美味的食品吃多了就会造成消化不良,并会由此引起其他疾病;比如人们都喜欢生活中充满欢乐,但是欢乐之事太多了也会造成灾祸,此即所谓乐极生悲。因此,当我们在享受美食或沉浸在快乐之中的时候,一定不要忘了:物极必反,适可而止。越是在春风得意的时刻,越要保持谨慎,这样才会远灾避祸,福祉长存。

一二〇

富贵定要安本分,贫穷不必枉思量①。画水无风空作浪②,绣花虽好不闻香。贪他一斗米,失却半年粮③。争他一脚豚④,反失一肘羊。

〔注释〕

①枉思量:胡思乱想。
②风:一作"鱼"。
③"贪他一斗米"二句:南唐释静、释筠《祖堂集·南唐和尚》:"保福代云:'和尚贪他一斗米,失却半年粮。'"
④一脚豚(tún):一个猪蹄。豚,小猪,亦泛指猪。

〔译文〕

富贵后一定要安分守己,贫穷时不要有非分之想。画中的水有着波涛滚滚,却听不见风浪生;布上绣出的花朵虽然好看,却闻不到半点香味。贪图他人一斗米,反而失去了半年的口粮;争了别人的一个猪蹄,反而失掉了一个羊肘子。

〔点评〕

　　无论处于富贵还是贫穷的状态,人都应安守本分,遵循规矩。生活富裕、地位显贵的人,一定要奉公守法,本分做人。贫穷的人也不要因为急于摆脱贫困而有非分之想。要想改变贫穷的状况,一定要通过不懈地努力奋斗,依法合理地取得成功。

　　凡事不能图表面好看,而要讲求真实可用。画中的水有着波涛滚滚,却听不见风浪生;布上绣出的花朵虽然好看,却闻不到半点香味。这些都是空而无用的东西,如果你想看波浪,就要到江河之畔,甚至到大海之上;如果你想闻花香,就要进入花园之中。做事要脚踏实地,讲实际,务实效。

　　爱贪小便宜是人性的弱点,很多人都会因为贪小而失大。一斗米和半年粮相比,一个猪蹄与一个羊肘子相比,谁都知道前者小而后者大,在正常情况下,谁都会选择后者而放弃前者。然而有的人却因为贪图小便宜,给自己造成了巨大的损失。做人要老老实实,不要有非分之想。寓言"豺狼舔血"讲的就是因小失大的道理,俗语"捡了芝麻,丢了西瓜"说的也是这个意思。

一二一

龙归晚洞云犹湿,麝过青山草木香①。

〔注释〕

①"龙归晚洞云犹湿"二句:唐代许浑《题崔处士山居》:"龙归晓洞云犹湿,麝过春山草自香。"犹,还,尚且。麝(shè),哺乳动物,外形像鹿而小,无角,前腿短,后腿长,善于跳跃,尾巴短,毛黑褐色或灰褐色。雄麝的犬齿很发达,肚脐和生殖器之间有腺囊,能分泌麝香。也叫香獐子。

〔译文〕

龙在夜晚归洞时所经过的云彩都是湿润的,麝走过的山地连草木都带有香味。

〔点评〕

《荀子》:"蛟龙生焉,风雨兴焉。"传说龙潜于深渊,乘风云而行,乃兴雨之物。下完了雨,龙离开了,云却还是湿着。雄性獐麝可以分泌香味,所过之处也留有香味。这说明事物只要发生就会留下痕迹。类推到人类,人生在世,应该有所作为,留下自己的印迹,就像龙兴起云、麝留下香一样。《论语·卫灵公》

中载:"子曰:'君子疾没世而名不称焉。'"君子担心死后自己的名字不被世人称道,因为假如一个人死后马上就被社会遗忘,证明他对人类没有任何贡献,他在世上生活了几十年,却像根本没有存在过一样。

一二二

平生只会量人短①,何不回头把自量②。见善如不及,见恶如探汤③。

〔注释〕

①平生:平素,平时。

②量:品评,评论。

③"见善如不及"二句:《论语·季氏》记载:"见善如不及,见不善如探汤。吾见其人矣,吾闻其语矣。隐居以求其志,行义以达其道。吾闻其语矣,未见其人也。"不及,赶不上。探汤,把手伸入到滚烫的水中。汤,开水,热水。

〔译文〕

有的人一辈子只会议论别人的短处,为什么不反思一下自身的缺点呢?看见好人好事要仿效学习,唯恐自己跟不上;看到坏人坏事赶紧避开,就像手碰到沸水一样。

〔点评〕

　　人要有自知之明,要学会自省,透彻了解自己身上的缺点,不要眼中只盯着别人的缺点。在日常生活中,有些人平时只会揭别人的短处,挑剔别人的缺点、毛病,却从来不检点自己的言行,看不到自己的短处。这是缺乏自知之明的表现。《论语·子路篇》:"子曰:'苟正其身矣,于从政乎何有?不能正其身,如正人何?'"一个人应该经常对自己的言行进行反思,时刻解剖自己,发觉缺点毛病应及时自觉地改正。不要乌鸦落到猪身上,只看到别人黑看不到自己黑。

　　"见善如不及,见恶如探汤",看到好人好事就要虚心学习,这叫"见贤思齐";遇见坏人坏事要及时避开,这叫"君子不立危墙"。佢是作为一个成年人,遇见坏人坏事应该机智地与其做斗争,弘扬社会正气。

一二三

　　人贫志短,马瘦毛长①。自己心里急,他人未知忙。贫无达士将金赠,病有高人说药方②。

〔注释〕

　　①"人贫志短"二句:宋代释心月《偈颂一百五十首》之一:"巴陵三

转语,南源女人拜。人贫智短,马瘦毛长,灵鹫峰头一炷香。"《五灯会元》:"问:'祖意教意,是同是别?'师曰:'人贫志短,马瘦毛长'。"短,缺少。

②"贫无达士将金赠"二句:《全宋文·外科精要序》:"又有道听途说之人,远来问病,自逞了了,诈作明能,谈说异端。或云是虚,或云是实。出示一方,力言奇效,奏于某处。此等之人,皆是贡谀,其实皆未曾经历一病,初无寸长。病家无主,易于摇惑,欲于速效,又喜不费资财,更不待医者商议可服不可服,即欲投之,倏然至祸,各自走散。古人云:'贫无达士将金赠,病有闲人说药方。'此世之通患,历代不能革。"达士,明智达理之士,见识高超、不同于流俗的人。《吕氏春秋·知分》:"达士者,达乎死生之分。"

[译文]

人贫穷了,志气也就没有了;马瘦了,毛就会显得长。自己的事情自己心里最着急,别人不会因为你着急而忙乱的。贫穷了不会有仗义的人送你钱财,生病时倒是有人告诉你治病的良方。

[点评]

环境对人的影响很大。一个人在贫穷的时候容易失去志向,即所谓"人贫志短",就像"马瘦毛长"一样。然而人的志向与现实环境并不是必然的因果关系,人穷不一定都会志短。古往今来,穷且志坚者举不胜举。所以孔子周游列国,栖栖惶惶十多年,却始终没有改变自己的志向。朱元璋从小家贫如洗,当过牧童,做过僧人,充过军,但人穷志大,最终成为一代开国皇帝。虽然贫穷会给人的发展带来一定的困难,但是如果能够正确地对待贫穷的环境,反而可以磨炼毅力,激发斗志。

人情冷暖,世态炎凉。人在难处、在关键时候,还得靠自己去解决问题,别人是指望不上的。当一个人贫穷困顿、衣食无着的时候,千万不要幻想有"义士"来无偿地把钱财赠送给你。当你生病的时候,却会有"高人"来主动向你推荐药方,为什么呢?因为如果你选择了他推荐的药方,他就可以借此赚到钱了。

一二四

触来莫与竞,事过心清凉①。秋至满山多秀色②,春来无处不花香。

〔注释〕

①"触来莫与竞"二句:据《黄庭坚诗集注·梦中和觞字韵》,在"作云作雨手翻覆,得马失马心清凉"二句之后,注者(任渊、史容、史季温)引用了《淮南子》中"塞翁失马"的事例,并在最后说:"居一年,胡人入塞,丁壮死者十九,此独以跛之故,父子相保。仙人遏末曲曰:'触来勿与竞,事过心清凉。'"触,触犯。竞,争辩,争高下。

②秀色:秀美的景色。

〔译文〕

如果有人触犯了自己,不要与他争辩;事情过去之后,心境自然会平静下来。秋天到了,漫山遍野都是秀丽的景色;春天来了,到处都弥漫着花香。

〔点评〕

遇事要保持冷静、宽容,"忍一时风平浪静,退一步海阔天空"。在生活中,当你遇到矛盾纠纷的时候,千万不要因为一时冲动与别人发生争执,以免造成令人后悔的结局。生气的时候,开口前先数到十,如果非常愤怒,就数到一百。事实上,当我们冷静下来想一想,事情发生之际或许令人气愤不已,然而过一段时间再看,你会发现这些事不过如此,实在不值得自己动气。即使在你有理的情况下,处事也要冷静,非原则问题不要去计较,能忍则忍,能让则让。即使碰上蛮不讲理的人,你让他,感化他,久而久之,矛盾也会化解。不要遇事就要争个你高我低,那样不但于事无补,还会伤了和气。有的人遇事不冷静,一触即跳,往往把事情闹大了,事后再后悔也晚了。既然如此,那么,每当面临冲突的时候,你就不妨提醒自己,没什么大不了的,过两天你就不会再把它放在心上了。所谓"秋至满山多秀色,春来无处不花香",事过境迁,你的心情就会回到平静、舒适,如观赏春秋天美景般的状态。抱着这样的心理,你就完全可以用豁达的态度去处理冲突,从而使大事化小,小事化了。

一二五

　　凡人不可面相,海水不可斗量①。清清之水②,为土所防③。济济之士④,为酒所伤。蒿草之下⑤,或有兰香。茅茨之屋⑥,或有公王。无限朱门生饿殍,几多白屋出公卿⑦。

〔注释〕

　　①"凡人不可面相"二句:元代无名氏《小尉迟》第二折:"老将军,古语有云'凡人不可貌相,海水不可斗量',休轻觑了也!""海水不可斗量",《淮南子·泰族训》:"故九州不可顷亩也,八极不可道里也,太山不可丈尺也,江海不可斗斛也。故大人者,与天地合德,日月合明,鬼神合灵,与四时合信。"元代柯丹邱《荆钗记》第二十一出《套书》:"凡人不可貌相,海水不可斗量。"面,一作"貌"。

　　②清清之水:《五灯会元·夹山善会禅师》:"问:'如何是道?'师曰:'太阳溢目,万里不挂片云。'曰:'不会。'师曰:'清清之水,游鱼自迷。'问:'如何是本?'师曰:'饮水不迷源。'"

　　③防:拦挡,阻挡。

　　④济济之士:众多的才士。《诗经·大雅·文王》:"世之不显,厥犹翼翼。思皇多士,生此王国。王国克生,维周之桢。济济多士,文王以宁。"济济,形容人多。

　　⑤蒿草:败坏田地的草。

⑥茅茨(cí)之屋：茅草盖的屋。《全宋文·问三代汉唐太学养士之法》："坐茅茨之屋,操南风之琴,可以为陶唐氏、有虞氏乎？曰：尧舜之所以为尧舜,不在是也。"

⑦"无限朱门生饿殍(piǎo)"二句：《全宋文·劝积阴德文》："君不见无限朱门生饿殍,几多白屋出朝郎。岂因风水能如此,盖为前人行短长。风水人间不可无,亦须阴德两相扶。若无阴德凭风水,再生郭璞也难图。"宋元戏文《张协状元》第十七出："无限朱门生饿莩,几多白屋出公卿。"元代徐田臣《白兔记》第六出《牧牛》："草庐隐帝主,白屋出公卿。"朱门,红色大门。古代王公贵族大门往往漆成红色,后因此指豪门权贵。饿殍,饿死在路旁的人。白屋,无彩饰的房屋,古代为平民之居,因以代指清贫之家或平民百姓。公卿,"三公九卿"的简称,泛指朝廷中的高级官员。

〔译文〕

人不可以凭相貌来判定,海水不能用斗来称量。清清的水被沙土所阻塞,众多的志士豪杰为酒所伤害。蒿草的下面可能生长着兰草,茅屋里边可能生出王侯将相。许多豪门权贵之家产生了很多饿死的子弟,很多贫穷之家却生出了达官贵人。

〔点评〕

凡事不可只从表面看问题,要看到事物的发展变化。以貌取人,往往看到的只是表面现象,以此来评价一个人是缺少客观性的。考察一个人要看他的真才实学,而不能看他的外表长相,因为人的长相美丑跟能力高低并无必然的联系。人的长相是天生的,是表面现象;人的思想、品德、学识、才能是后天的,是内在的、本质的东西。以貌取人在历朝历代都不罕见,如唐朝选拔官员有明确的规定,除了考试,还要看应选者的身相口齿。明朝的科举,以应试者的外形美丑来定夺状元,更是夸张。就连圣人孔子也曾"以貌取人",认为面貌极丑的澹台灭明没有多大的才能,但是此人由于勤奋好学,最终成为著名学者。后来孔子感慨道:"吾以言取人,失之宰予;以貌取人,失之子羽。"

酒能养生,也能害命。所谓的"小酒怡情,大酒伤身"便是如此。许多人更是因为醉酒而误事,如三国时候的张飞在醉酒之后被部下所杀害,足以令人引以为戒。还有的人因为酒后乱语、酒后乱性等做出了各种失德的行为,等酒醒之后十分后悔也无济于事。

环境与成才有着至关重要的关系。"王侯将相,宁有种乎?"英雄不论出处,一个人有无成就,是否成才,与他的家庭出身没有本质联系,关键是靠个人的努力奋斗和必要的机遇。有句话说得好"自古英豪出寒门",因为在艰苦的环境中,人更容易被激发起斗志。为了改变自己的处境,为了实现自己的目标,他们往往会全力以赴,反而能取得成功。

卡耐基曾经说过:"生而即为富家之子,是他们的不幸,因为他们一开始就背着包袱跟别人竞争。大多数富家之子很难抵挡财富的试探从而沦落为纨绔子弟。他们远不能和穷苦孩子竞争……这些穷苦孩子虽然出身低贱,所从事的又只是些下贱工作,但是几经蜕变,最终一鸣惊人的往往是这些人。"豪门贵族奢侈之风甚盛,下一代多纨绔子弟,只知吃喝玩乐,不学无术,无丝毫本领。一旦其老子家业衰败,只好坐而等死,连生存下去的能力都没有。贫穷之家的孩子,从小懂事早,深知父辈生活之艰难,发愤读书,志向高远,往往可以成长为济世之才。"自古英雄多贫贱,纨绔子弟少伟男"说的就是这个道理。

一二六

醉后乾坤大①,壶中日月长②。万事皆先定,浮生空自忙③。

〔注释〕

①乾坤:中国古代哲学的一对范畴。指天地或阴阳两个对立面。《周易》用"乾"表示天和阳,用"坤"表示地和阴。后用来泛指天地。

②壶中日月长:指道家神仙般的生活。《伊川击壤集·小圃逢春》:"事到悟来全偶尔,天教闲去岂徒然。壶中日月长多少,烂占风光十二年。"本句一作"闲中日月长"。《伊川击壤集·何处是仙乡》:"静处乾坤大,闲中日月长。若能安得分,都胜别思量。"

③"万事皆先定"二句:元代李文蔚杂剧《同乐院燕青博鱼》第一折:

"耕牛无宿料,仓鼠有余粮。万事分已定,浮生空自忙。"元代柯丹邱《荆钗记》第三十四出《误仆》:"转眼垂杨绿,回头麦子黄。万事分已定,浮生空自忙。"浮生,虚浮的人生。

[译文]

　　人喝醉后会感到天地无限广阔,会觉得时间很漫长。既然万事上天都已定好,何必再去漂泊他乡枉然空忙。

[点评]

　　人的一生都是命中注定的,这是宿命论。这种观点认为人们忙忙碌碌,其实都是徒劳的。这种思想,前面多有论及,此处不同的是作者加入了"醉后乾坤大,壶中日月长"一句,建议人们不妨用酒麻醉自己,因为喝醉以后你会发现天地十分宽广,一切烦恼都会烟消云散。对于"壶中日月长",可作两种理解:一种是把壶理解为酒壶,指借酒度日会发现时间很漫长;另一种是以"壶中日月"指道家生活或神仙世界。据《后汉书·费长房传》记载,有一个壶,看上去能装五升酒,但壶中却另有一番天地。有一个叫施存的人晚上在壶中住宿,自称壶天。人们称他为壶公。后以"壶天"代指仙境、仙界。这是一种无为思想,充满了消极的意味,他们认为人生虚幻,应醉生梦死,得过且过,如是思想,有害无益,我们应该坚决摒弃。

一二七

千里送毫毛①,寄物不寄失。

〔注释〕

①千里送毫毛:宋代欧阳修《梅圣俞寄银杏》:"鹅毛赠千里,所重以其人。鸭脚虽百个,得之诚可珍。"毫毛,有版本作"鹅毛",人或鸟兽身上的细毛或长毛,比喻极其细微的事物。

〔译文〕

千里之外帮人寄送毫毛般轻微的物品,也不能有所丢失。

〔点评〕

我国自古就重诺守信,如季布无二诺、侯嬴重一言和一言九鼎等故事。据明代徐渭《青藤山人〈路史〉》记载:"云南俗传,昔代土官缅氏,遣缅伯高贡天鹅于中朝,过沔阳,浴之,飞去,俄堕一翎。高拾之,至阙下,上其翎,作口号云:'将鹅贡唐朝,山高路远遥。沔阳湖失去,倒地哭号号。上禀唐天子,可饶缅伯高?礼轻情意重,千里送鹅毛。'"宋代吴曾《能改斋漫录·逸文》也有"千里寄鹅毛,礼轻人意重"的说法。

一二八

一人传虚,百人传实①。

〔注释〕

①"一人传虚"二句:南唐释静、释筠《祖堂集·齐云和尚》:"师有时上堂,蓦地起来,伸手云:'乞取些子,乞取妙子。'又云:'一人传虚,万人传实。'"

〔译文〕

一个人传说某件事情会被认为是虚假的,经上百人相传后就会被认为是真实的。

〔点评〕

不要以讹传讹,因为谎言传播千遍,就会被当作"真理"。一种错误的说法,当你第一次听到时,肯定不会相信,但是,当不断有人向你说这是真的时候,你就会渐渐怀疑,甚至否定自己原来的判断。《韩非子·内储说上》:"庞葱曰:'夫市之无虎明矣,然而三人言而成虎。今邯郸去大梁也远于市,而议臣者过于三人矣。愿王察之矣。'"后来用成语"三人成虎"指三个人谎报城市里有老虎,听的人就信以为真。当谎言广泛传播时,它的影响力是很大的,很少有人能在流传的谎言面前保持清醒的头脑。针对这种情况,最好的应对办法,就是在谎言刚产生时就加以制止,不给它传播的机会。

一二九

世事明如镜,前程暗似漆。人生一世,如驹过隙①。

〔注释〕

①"人生一世"二句:《庄子·知北游》:"人生天地之间,若白驹之过隙,忽然而已。"驹,少壮的骏马。隙,缝隙。

〔译文〕

世上的事像明镜一般清朗明亮,而个人的前程却漆黑无边。人生一世,犹如白驹过隙,一闪即过。

〔点评〕

虽然对人情世故洞察明晰,但是自己的前途却一片渺茫,这是很多胸有大志却不得施展的人的心境,也是他们对怀才不遇的慨叹。这些人虽然有经天纬地之才,但因没有得遇伯乐,没有人赏识,内心无比苦闷,于是发出了这样无奈的感叹:世事明如镜,前程暗似漆。在古代,由于统治阶级任人唯亲,排斥异己,埋没人才的事是常有的。一些志士仁人空有满腹经纶,空怀报国之志,慨又报国无门,没有施展才华的机会。陆游在《书愤》一诗中写道"塞上长城空自许,镜中衰鬓已先斑",宋代杨炎正也在《水调歌头·登多景楼》中写道"可怜报国无路,空白一分头",都发出了心中的不平之慨。

时光易逝,人生短暂,转眼就是百年。一个人要珍惜时间,爱惜生命,在有限的一生中,多为社会做些有益之事,让自己过得充实,有价值,有意义。不要浪费时间,虚度年华。有诗说得好:"红荣碧艳坐看歇,素华流年不待君""百年能几日,忍不惜光阴""流光容易把人抛,红了樱桃,绿了芭蕉"等。

一三〇

良田万顷,日食一升。大厦千间,夜眠八尺①。千经万典,孝义为先②。

[注释]

①"良田万顷"四句:《全宋文》吕颐浩《与雪峰清了书》:"某幼年闻真定赜老云:'良田万顷,日食二升。广厦千间,夜眠八尺。'"在《记陈彦升事》一文中,吕颐浩再次提及此人:"陈彦升有甥孙无求,业进士,博学能文。因览照而悟,遂祝发为僧,改名宗颐。住真定府洪济寺,逾三纪。其《语录》云:'良田万顷,日食二升;广厦千间,夜卧八尺。'士人传诵。后住

真州长卢寺,寿八十余卒。推此语。则所向足矣!"顷,田地面积单位。一顷等于一百亩。

②"千经万典"二句:元代史弼《景行录》:"千经万典,孝义为先。天上人间,方便第一。"孝义为先,一作"孝弟为先"。

〔译文〕

即使家有良田万顷,每天也只不过吃几升米;即使拥有广厦千间,夜里睡觉的地方也只有八尺长。所有的经典,都把忠孝仁义放在首位。

〔点评〕

做人不要贪心,要学会知足常乐。一个人日常所需的东西是有限的,正如"良田万顷,日食一升。大厦千间,夜眠八尺"。但是人的欲望往往是无限的,为了得到更多的财富、名利等,不惜失去亲情、友情、爱情,甚至是自己的健康和做人的底线。其实,人生不过数十载,应该学会知足,珍惜目前所拥有的,毕竟精力有限,不可能随心所欲,拥有一切想要的。

"孝义",孝即孝顺父母,义即仁义、道义,它们都是儒家宣传的重要原则。尤其是其中的孝,更是被儒家视作一切道德的根本。如《论语·学而》中说:"孝悌也者,其为仁之本与!"即孝敬父母,尊敬兄长,就是仁道的基础。《孝经》专门阐述孝道,被作为科举考试的内容和伦理道德的典范。《二十四孝》一书当中也介绍了舜、汉文帝、曾子等历史上二十四个尽孝的典型人物,它对于劝导人们尽孝,起到了极好的示范作用。即使在当代,孝仍然是受到人们普遍认同的美德。"孝悌"是仁的根本,因此,这在所有的经典书籍中都是极力推崇、大力提倡的美德。

一三一

一字入公门,九牛拖不出①。衙门八字开②,有理无钱休进来。

〔注释〕

①"一字入公门"二句:宋代释普济《五灯会元》:"问:'无为无事人,犹是金锁难。未审过在甚么处?'师曰:'一字入公门,九牛曳不出。'曰:'学人未晓,乞师方便。'师曰:'大庾岭头,笑却成哭。'"一字,这里指一纸讼诉。公门,官府,官署。

②衙门八字:古代衙门建筑群围绕着一圈高高的围墙,朝南正面的外墙最重要,在大门两侧的墙面转折一个三十度的角度斜向大门,以突出大门的位置,形成八字形门墙,所以叫"八字墙"。衙门也就叫"八字衙门"。衙门,旧时官吏办事的地方。莫,不要。

〔译文〕

一旦一纸讼状送进了衙门,九头牛的力气也拖不出来。官衙的大门向南敞开着,但那些有理而没有钱的人则休想进来。

〔点评〕

　　中国古代社会的衙门非常黑暗,老百姓打官司特别难,想要赢得官司,就必须有钱。否则再有理,也无法胜诉。那时候实行的是人治,官司的输赢都由官员说了算。古代虽然也有法律条文,但是由于缺乏有效的监督,这些条文常常只是一种摆设,而官员本人的好恶、偏向往往成为影响判决的重要因素。这就导致了司法的腐败,造成了大量的冤假错案。如被冤枉的窦娥、《红楼梦》中的"葫芦僧断葫芦案"等,都是对当时社会现实的一种反映。官场中的人虽然口口声声说爱民如子,但是他们从来就不为民做主,当官的目的是为了利用手中的职权盘剥百姓,填充自己的腰包。为了谋取钱财,他们往往巧立名目,大肆收受贿赂,颠倒黑白。因此,一个有钱人犯了罪,只要他肯花钱贿赂官员,便很有可能大事化小,小事化了。相反,很多穷人虽然有冤情,但是因为没有钱来"进贡"衙门中的人,所以他们总是有冤无处伸,有苦无处诉。

一三二

　　富从升合起,贫因不算来①。家中无才子,官从何处来②。

〔注释〕

①"富从升合起"二句:《全唐诗补编》:"富从升合起,贫因不算来。"升合,容量单位。比喻数量很少。不算,不算计、不仔细计划。

②"家中无才子"二句:《全唐诗续拾》:"天地平如水,王道自然开。家中无学子,官从何处来。"家中无才子,一作"家无读书子"。

〔译文〕

富贵源于一点一滴的积累,贫穷则是由于不会精打细算而导致的。家中没有读书的才子,怎么会有人做官呢?

〔点评〕

居家过日子应该勤俭节约,学会有计划地安排花销。生活态度决定生活质量,对于普通家庭来讲,勤俭持家是治家之根本。在开源的同时,如果懂得节流,慢慢积累,便会富裕起来;相反,如果没有计划,钱财就会流失,日子也会越过越穷。

中国古代社会实行学而优则仕,要想当官,一般都必须走读书之路。自隋唐开始实行科举制以后,官员队伍主要由科举及第的人员组成。而一个人想在科举考试中被录取,就必须有才学,如果家中没有人读书,自然也就不会有人当官。在当今知识经济时代,读书不仅是社会发展的需要,也是个人适应社会工作的需要。

一三三

万事不由人计较,一生都是命安排[①]。急行慢行,前程只有多少路[②]。

〔注释〕

①"万事不由人计较"二句:元代戏文《宦门子弟错立身》第十二出:"万事不由人计较,算来都是命安排。"宋元戏文《张协状元》第五十二出:"万事不由人计较,算来都是命安排。"计较,打算,谋划。命,命运,宿命论指一生注定的生死、贫富和一切遭遇。

②前程:前途。

〔译文〕

万事都不因为个人计较而改变,一生的贫富都是命里安排的。无论急行还是慢行,前程都只有那么多路。

〔点评〕

宿命论观点认为:不管你付出多少努力,人生之路都是上天安排好的,你是不可能改变的,而且也有不少人曾经同命运做过抗争,但最后还是做了命运的俘虏。这种观念一方面劝人认命,另一方面也抹杀了人的积极性。这种消极的观点,只会让人过消极的人生,无所事事,走向平庸。在与命运抗争的时候,要全力以赴,有着破釜沉舟的决心才能激发出潜能,把命运掌握在自己的手中。

一三四

人间私语,天闻若雷。暗室亏心,神目如电①。一毫之恶,劝人莫作。一毫之善,与人方便②。亏人是祸,饶人是福③。天眼恢恢,报应甚速。圣贤言语,神钦鬼伏④。

〔注释〕

①"人间私语"四句:宋代陈元靓《事林广记·卷九·警世格言》:"人间私语,天闻若雷。暗室欺心,神目如电。"元代徐田臣《杀狗记》第二十六出《土地显化》:"人间私语,天闻若雷。暗室亏心,神目如电。"

②"一毫之恶"四句:唐代吕岩(吕洞宾)诗歌《劝世》:"一毫之善,与人方便。一毫之恶,劝君莫做。衣食随缘,自然快乐。"

③"亏人是祸"二句:唐代吕岩(吕洞宾)诗歌《劝世》:"算是甚命,问什么卜。欺人是祸,饶人是福。"

④"天眼恢恢"四句:唐代吕岩(吕洞宾)诗歌《劝世》:"天眼昭昭,报应甚速。谛听吾言,神钦鬼伏。"郑廷玉《崔府君断冤家债主》第三折:"方信道暗室亏心,难挑他神目如电。"天眼恢恢,一作"天网恢恢"。恢恢,形容非常广大。

〔译文〕

人间说的悄悄话,上天听得像打雷一样清清楚楚。暗地里做的亏心事,神明看得像闪电一样明明白白。一丝一毫的坏事,也应劝人不要去做。一丝一毫的好事,也要给别人方便。欺负别人是灾祸,宽恕他人是福分。天眼明察,做事报应来得很快。圣贤的言语,即便鬼神听到都很钦佩。

〔点评〕

人贵在"慎独",不欺人,不自欺,即使在一个人独处的时候,也要严以律己,不要做违法乱纪的事,不要做昧良心的事,要好自为之。有句话说:若要人不知,除非己莫为。做恶事的人行事鬼鬼祟祟,以为神不知鬼不觉,但是纸终究包不住火,其恶行终有一天会大白于天下。做了亏心事,不仅对不起亲戚、同事和朋友,使自己内心不安,思想上背上沉重的包袱,良心上也会受到谴责。恶人可以得逞一时,绝不会得逞一世,他会骗人一时,不会骗人一世。所以为人一定要光明磊落,"勿以善小而不为,勿以恶小而为之"。

上天、神鬼监视着人的一言一行,无论多么私密的话,多么隐秘的行为,上天、神鬼都知道得一清二楚,并最终会根据每个人的所作所为做出相应的赏罚,即所谓"天眼恢恢,报应甚速"。早在商周时期,人们就认为天有赏善罚恶的功能。在先秦经典《墨子》一书中,就有《天志》《明鬼》等篇章,认为上天有意志,鬼神有灵验,不管是什么人,只要你残害无辜,就逃不脱神鬼的惩罚。成书于宋代末年的《太上感应篇》,更是明确指出:"祸福无门,惟人自召;善恶之报,如影随形","天地有司过之神,依人所犯轻重,以夺人算"。这种观点,在今人看来,当然属于迷信,但它却能够警示世人行正道,做善事。圣贤以其高尚的品质、超人的智慧而受到世人的敬仰。圣贤的思想对后人影响是巨大的,因为它们一般都能够揭示事物的发展规律和社会运行的法则。我们对于圣贤的言语,应以古鉴今,古为今用,推陈出新。

一三五

人各有心①,心各有见。口说不如身逢,耳闻不如目见②。

〔注释〕

①人各有心:《三国志·魏书·三少帝纪》:"孙休病死,主帅改易,国内乖违,人各有心。"见,主见。

②"口说不如身逢"二句:《旧唐书·辛替否传》:"臣尝以为古之用度不时,爵赏不当,破家亡国者,口说不如身逢,耳闻不如眼见。"《资治通鉴·唐纪·睿宗景云二年》:"口说不如身逢,耳闻不如目睹。"耳闻不如目见,源于汉代刘向《说苑·政理》:"夫耳闻之,不如目见之;目见之,不如足践

之。足践之,不如手辨之;人始入官,如入晦室,久而愈明,明乃治,治乃行。"身,自身,自己。

〔译文〕

每个人都有自己的打算,每个人的打算都有自己的主见。嘴里说的不如亲身经历过的,耳朵听到的不如亲眼所见到的。

〔点评〕

每个人都有自己的想法、主张,出现不同的意见也是非常正常的。世间的万事万物事都是复杂的,要了解真相,就必须亲自进行调查了解。俗话说"耳听为虚,眼见为实"。听传言的东西,往往不可靠、不可信。如果光凭别人的讲述来认识事物,一方面你的体会不会很深,另一方面别人的讲述不一定准确。因为"人各有心,心各有见",不同的人对事物有不同的认识,呈现的并不是事物的本来面目。这种说法是很有道理的,比如有人向你讲述某个遥远地方的风景,告诉你那里如何美丽,怎样才能到达那里,如果你只是听听而已,对它就不会有什么深刻的印象。如果你在听了别人的介绍后,亲自前往浏览,那么,那个地方的景色就会成为你终生难忘的记忆,正所谓"百闻不如一见"。

一三六

养军千日,用在一时①。国清才子贵,家富小儿娇②。

〔注释〕

①"养军千日"二句:元代马致远《汉官秋》第二折:"我养军千日,用军一时。空有满朝文武,那一个与我退的番兵!都是些畏刀避箭的。"《晋书·文帝纪》:"相府兵将,止不敢战。贾充叱曰:'公畜养汝辈,正为今日耳。'"用在一时,一作"用在一朝"。

②"国清才子贵"二句:宋代释景元《颂古四首》(其二):"灵树面皮多葛怛,韶阳板齿上生毛。会得国清才子贵,不会家富小儿娇。"宋代释宗杲《偈颂一百六十首》之一:"国清才子贵,家富小儿娇。大家出只手,彼此不相饶。"《五灯会元·宝峰克文禅师》:"上堂:'裈无裆,裤无口。头上青灰三五斗。赵州老汉少卖弄,然则国清才子贵,家富小儿骄。其奈禾黍不阳艳,竞栽桃李春,翻令力耕者,半作卖花人。'"

〔译文〕

长期供养和训练军队,就是为了防止有一天战争爆发。国家政治清明,有才华的人就会得到重视;家境富裕,小孩子就很容易被娇生惯养。

〔点评〕

　　长期备战,未雨绸缪。军队历来是国家机器的重要组成部分,任何一个国家要想维护自己的独立与主权,保证国家的长治久安,保护人民的安宁与幸福,就必须拥有强大的军队。和平时期供养、训练军队,是为了战时应付突发事件。《南史·陈暄传》:"兵可千日而不用,不可一日而不备。"其实,很多事情都是如此,只有平时注重积蓄力量,在必要的时候才能够供给得上。

　　人才是决定民族兴亡、国家发展的重要资源。如一个国家政治上清正廉明,就会在用人上任人唯贤,唯才是举,求贤若渴,人才就会受到重视。汉代的文景之治,唐代的贞观之治,清代的康乾盛世等等,都是因为非常重视招贤纳谏,社会才得到了较好的发展。家庭富裕,生活条件好,家长往往娇惯孩子,这是教育子女方面的通病。这样的孩子容易骄傲自满,这不利于其成长。

一三七

　　利刀割体痕犹合,恶语伤人恨不消[①]。公道世间惟白发,贵人头上不曾饶[②]。

〔注释〕

①"利刀割体痕犹合"二句:《五灯会元·法昌倚遇禅师》:"上堂:'汝若退身千尺,我便当处生芽。汝若觌面相呈,我便藏身露影。汝若春池拾砾,我便撒下明珠。直得水洒不着,风吹不入,如个无孔铁锤相似。且道法昌还有为人处也无？良久曰:'利刀割肉疮犹合,恶语伤人恨不销。'"《杀狗记》第二十四出《谋杀孙荣》:"利刀割水伤犹没,恶语伤人恨不消。"

②"公道世间惟白发"二句:唐代杜牧《送隐者一绝》:"无媒径路草萧萧,自古云林远市朝。公道世间唯白发,贵人头上不曾饶。"不曾,没有。饶,宽容,宽恕。

〔译文〕

锋利的刀伤了身体,伤口容易愈合;恶语一旦伤了人,积下的怨恨就不易消除。世间只有白发最公道,即使是贵族富人的头上也不会饶过。

〔点评〕

恶语对人的伤害要远比锋利的刀伤还深。"良言一句三冬暖,恶语伤人六月寒。"也许很多时候,我们对某人说的话可能并不是出于恶意,但是如果措辞不当,就会大大刺伤对方,有可能还会招致对方的怨恨。其实人与人的交往、相处,应做到待人以诚,要说话和蔼,要讲究语言美,不要出言不逊、恶语伤人。言为心声,讲善言还是吐恶语,反映了一个人的道德修养水平。

时间是人世间最公道的东西,无论是平民百姓,还是达官贵人和王侯将相,他们所拥有的时间都是一样的,不会因为地位的尊贵或卑微而变得多一些、少一些。随着岁月的流逝,白发会渐渐爬上每个人的头顶,这是任何人都无法改变的。

一三八

有钱堪出众①,无衣懒出门。为官须作相,及第必争先②。

〔注释〕

①堪:能够,可以。

②"为官须作相"二句:北宋汪洙《神童诗》:"慷慨丈夫志,生当忠孝门。为官须作相,及第必争先。"

〔译文〕

有钱的人就显得与众不同,而没有好衣服穿的人都不愿出门。做官就要做到宰相,科举考试就要争取头名。

〔点评〕

人靠衣服马靠鞍,长得再美的人,没有像样的衣服,也衬托不出靓丽的外貌来。当然衣着打扮也要得体入时,要考虑到个人的条件、气质、工作性质和环境条件。现代人讲究包装,但要恰到好处,过分包装反而会弄巧成拙。"欲把西湖比西子,淡妆浓抹总相宜",衣着打扮关键是得体、适宜、入时。

宰相在中国古代是一人之下、万人之上的高官,手握重权,是所有官场中人追求的目标。而科举考试中,必须取得头名才好。做人要有理想,正如不想当将军的士兵不是好士兵,不想当宰相的官员也不是好官员。一个人无论学习还是工作,都应该有一种力争上游及敢为天下先的精神,"何不策高足,先据要路津"。

一三九

苗从地发①,树向枝分。父子和而家不退②,兄弟和而家不分。

〔注释〕

①发:指发芽,萌发。
②家不退:指家道不会衰落。

〔译文〕

幼苗从地里长出来,树枝从树干上分出来。父子亲近,家道就不会衰退；兄弟和睦，家庭就不会分崩离析。

〔点评〕

从家庭的角度来看，父子、兄弟都是同根同源，只有合在一起，才是完整的家。"家族观"是传统中国的重要观念。千百年来，中国一直崇尚大家庭。这种大家庭的生活方式，是由当时的生产方式决定的。有的三世同堂，甚至四世同堂，以显示家丁兴旺，子孙满堂，家庭具有凝聚力。传统社会的一般家庭，只要老人在，就不愿意儿子们闹分家。父子兄弟本来是人间至亲，应该相亲相爱，父慈子孝，兄友弟恭，共同为家道的恒兴做出自己的贡献。可是很多时候由于利益的纷争，常常会使父子失和、兄弟反目。祸起萧墙，家业必败。只有家和才能够万事兴盛。

一四〇

官有正条[①]，民有私约[②]。

〔注释〕

①正条：指国家正式颁布的法规条文。《金史·刑志》："九年，因御史台奏狱事，上曰：'近闻法官或各执所见，或观望宰执之意，自今制无正条者皆以律文为准。'"

②私约：私下签订的契约。

〔译文〕

国家有正式颁布的法律条文,民间有私下签订契约。

〔点评〕

"没有规矩不成方圆,没有五音难正六律。"社会的稳定和有序运转,需要制度来进行规范。国有国法,家有家规。在中国古代,介于国法和家规之间的还有乡约。做任何事情都需要有规则,如治理国家要有法律,民间的交易要有私下商定的契约,即使是玩游戏,也要有游戏规则。遵守契约,诚信做人,是人立足于社会的基础。

一四一

闲时不烧香,急时抱佛脚①。

〔注释〕

①"闲时不烧香"二句:唐代孟郊《读经》:"垂老抱佛脚,教妻读黄经。"宋代张世南《游宦纪闻》:"云南之南有番国,俗尚释教,人犯罪应诛者,捕之急,趋住寺中。抱佛脚悔过,愿髡发为僧,以赎前罪,即贳之。谚云:'闲时不烧香,急则抱佛脚。'本此。"闲时,没有事情的时候。抱佛脚,指事前无准备而临时慌忙应付。

〔译文〕

　　平常无事的时候不烧香拜佛，有事着急时才想起乞求佛祖保佑。

〔点评〕

　　做事情要未雨绸缪，要有长远的眼光，不要事到临头再去想办法。《黄帝内经·素问·四气调神大论》："夫病已成而后药之，乱已成而后治之，譬犹渴而穿井，斗而铸锥，不亦晚乎！"成语"临渴掘井"便出自此处，意思是平时没有准备，事到临头才想办法。其实无论是学习还是工作，都要注意平时的努力和积累，这样到了关键时候，才不至于手足无措，才能够应付自如。同时，在处理人际关系方面，也应注意平时广交朋友，急他人所急，帮他人所需。只有这样，在自己有困难的时候，才不会感到孤立无援，才会有更多的人向你伸出友谊之手。

一四二

　　幸生太平无事日，恐逢年老不多时①。

〔注释〕

　　①"幸生太平无事日"二句：宋代邵雍《清风短吟》："生长太平无事

日,又还身老太平时。"

〔译文〕

很幸运生在了太平盛世,唯恐到了老年,这样的太平日子就不会多了。

〔点评〕

古代战乱频繁,人民深受战争之苦,能有几年太平日子,是三生有幸的事。正因为如此,人们都十分珍惜和平安宁的日子。然而这种太平的日子能持续多久?年老后的生活又会是什么样子?生在太平年代,平安终老是一种奢侈的想法。

一四三

国乱思良将,家贫思贤妻①。

〔注释〕

①"国乱思良将"二句:《史记·魏世家》:"魏文侯谓李克曰:'先生尝教寡人曰"家贫则思良妻,国乱则思良相"。今所置非成则璜,二子何如?'李克对曰:'臣闻之,卑不谋尊,疏不谋戚。臣在阙门之外,不敢当命。'"

〔译文〕

国家战乱就会祈求良将来平息战火,家境贫困就希望有个贤妻来料理家事。

〔点评〕

越是困危之时,越显示用人得当的重要。从大的方面来讲,国家动荡不安的时候,需要那些能征善战的将领。从小的方面来讲,一个贫寒的家庭需要有贤惠能干的妻子。一个国家在太平无事的时候,一些人削尖脑袋抢官争爵,国家也很难考验他们对国家是否忠诚。而当一个国家、一个民族处在危急存亡之际时,忠臣和奸臣就泾渭分明了,此时最能考验一个人是否对国家忠诚,是否能为国分忧,是否能慷慨赴国难。正所谓"乱世出豪杰,时势造英雄"。

家境贫寒时,才能看出自己的妻子是否贤惠,是否能干。贫寒的家庭更需要夫妻之间彼此理解、彼此支持。一个贤惠能干的妻子,不但能够把家里打理好,也愿意和自己的丈夫同甘共苦,努力把穷日子过富。大到国家,小到家庭,道理都是一样的。夫妻之间,同富贵,共患难。家有贤妻,富日子能越过越好,穷日子也能过得安宁、和睦。

一四四

池塘积水须防旱①,田土深耕足养家②。

〔注释〕

①积水:蓄水。
②深耕:精耕细作。

〔译文〕

池塘里蓄满水是为了防旱,土地深耕细作是为了多打粮食来养家糊口。

〔点评〕

居安思危,才能够有备无患。在生产力低下的自然经济条件下,人们战胜自然的能力还很弱,基本上是靠天吃饭。天有不测风云,旱涝灾害说不定什么时候就发生了,所以,要在雨水充沛的时候把水蓄积起来,以防备出现旱情的时候用来灌溉田地之用。除了要蓄积雨水以备在发生旱灾的时候也能灌溉田地,在进行耕作时,还要努力做到精耕细作。只有这样才能多打点粮食,维持一家人的温饱。

一四五

根深不怕风摇动,树正何愁月影斜①。

〔注释〕

①"根深不怕风摇动"二句:元代徐田臣《杀狗记》第三十四出《拒绝乔人》:"根深不怕风摇动,树正何愁月影西。"愁,忧虑,苦恼。

〔译文〕

树根扎得深,就不怕大风摇动;树干长得直,就不怕月下影子斜。

〔点评〕

树根扎得深,即便是大风也难以撼动它。如果树干本来是直的,就不必去管月亮照出来的影子是否歪斜。做人也是一样,只要自己真的有实力,就不怕接受任何考验,只要自己行得端坐得正,就不用在乎别人怎么看怎么说。常言道:"身正不怕影斜,脚正不怕鞋歪。"一个人生活在这个社会上,要为人光明磊落,公道正派。堂堂正正做人,老老实实做事。只要行得光明,走得正大,就不会有人说闲话,也不怕别人说闲话。

一四六

奉劝君子①,各宜守己②。只此呈示③,万无一失④。

〔注释〕

①君子:对人的尊称。
②宜:应该。守己:安分守己,指不做超出本分的事。
③呈示:呈现。
④万无一失:绝对不会出差错。

〔译文〕

奉劝天下的君子们,做事要安分守己。只要能做到上面所说的一切,就可以保证你万无一失。

〔点评〕

此则是本书的结语,对读者提出了美好的愿望。做人就要安守本分,自己应该去做的,就认真做好;不是自己应该做的,就不要去沾染。无论如何,自己的所作所为都要合乎法度要求。做人如果能够坚持这个原则,就能保证做事情不会有任何闪失。

每个人做事都要有一定的准则,圣贤的言语在某种程度上都有一定的道理。《增广贤文》中所搜集的语句,尽管都源自各种文献记载或者先哲语录，但是由于时代的局限，也并不都是真理，有些话明显存在着当时社会的烙印和思想的局限性。如贯穿全书的命定论思想、消极避世的态度、男尊女卑的思想、宿命论观念等等，都是需要予以摒弃的。因此要区分良莠，辨别真伪，吸取精华，去其糟粕，让这一份历史文化遗产，重新发挥出它应有的积极作用。